SOUPES D'ORTIES

Michel Peyramaure

SOUPES D'ORTIES

LE GRAND LIVRE DU MOIS

www.anne-carriere.fr

Un fil conducteur relie la plupart de ces nouvelles : Martial Chabannes. Ce personnage récurrent d'instituteur à la retraite a fait l'objet d'un livre publié aux éditions Seghers : Le gardien des ruines, *avant de reparaître en diverses occasions. Dans* Soupes d'orties, *il est à la fois le narrateur et le témoin des histoires qu'il nous relate. Sa philosophie doit davantage à l'expérience des hommes et des choses qu'à une culture livresque. Après avoir accompli sa mission : la défense de l'Ecole, ce Cincinnatus de la laïcité s'est retiré dans son jardin, en Corrèze, sur le plateau de Millevaches, où il est né.*

Ce personnage revêt une notion d'exemplarité. C'est dire que j'aurais aimé lui ressembler. A défaut, je me contente de l'observer en train de ratisser, comme il le fait chaque matin, les allées de son jardin secret, cueillir des pissenlits pour sa salade et des orties fraîches dont il fera sa soupe et son omelette.

Personnage réel ou imaginaire ? A vous de deviner. Ne comptez pas sur l'auteur pour vous répondre...

Sous le signe de l'eau

Il faut peu de chose pour que ce qui reste en nous de certitudes élémentaires se réveille : l'émotion que suscite la vue d'un taillis de hêtres dans l'automne flamboyant du haut pays corrézien, la silhouette d'une pierre levée face à un paysage profond et bleu, l'étendue désolée d'une tourbière plate et rousse comme une taïga, un ruisseau qui brasse des chevelures de renoncules à travers des champs de bruyères et de myrtilles...

L'eau, oui. L'eau surtout, dont on peut tomber amoureux, comme d'une femme. Pas de celle qui coule du robinet et qui a passé par tant de filtres et de mélanges chimiques qu'elle n'est plus qu'un succédané qui sent le pipi de chat, la Javel ou l'ozone. Non : je veux parler de l'eau sauvage, celle qui sort toute nue, avec sa chair de cristal, du ventre du granit.

L'eau, c'est la surprise essentielle, et la plus séduisante, que nous réserve cette contrée. Elle est partout, même au plus fort de l'été, quand tout grille, même les reptiles sous les pierres gallo-romaines. On passe d'une source à une fontaine, d'une fontaine à un ruisseau, d'un ruisseau à une rivière. On marche sur une terre qui en est gorgée, hérissée de ces mottes en forme de vagues qu'on appelle dans le pays les *touratons* [1], lesquels me font penser qu'elle a la chair de poule parce qu'à quelques mètres de la surface on doit rencontrer la glaciation des origines. Oui, partout l'eau jaillit et coule, partout elle modèle le paysage, donne vie et bonheur de vivre à ce pays que l'on dit sauvage, qui l'est assurément, mais qui sait vous attacher à lui par les liens des sources, des fontaines, des ruisseaux et des rivières.

Passez-moi ce préambule : il fallait bien que je vous dise cette sorte de passion pour l'eau vive chère à Giono, qui me nourrit depuis ma plus tendre enfance et que rien n'a jamais contrariée. Il fallait bien que je vous dise cette passion, avant de parler de mon vieil ami Gustave Arfeuillère, dit le *Roumieu*, j'expliquerai pourquoi. A l'époque dont je vais faire état, et qui était celle de mon certificat, Gustave était déjà un vieil homme. Il est mort pendant la dernière guerre, et pas de sa belle mort, comme on dit ; il avait près de cent ans.

Gustave Arfeuillère était originaire d'un des lieux les plus déshérités du Plateau corrézien, le hameau de Thaphaleschat, proche d'un ou deux kilomètres du bourg de Millevaches, selon qu'on prenne la route normale ou les *escourssières*. Sa maison natale ne porte pas de plaque commémorative : c'était une de ces bâtisses du genre bloc-à-terre, où animaux et propriétaires vivaient dans une harmonieuse intimité. Elle a été achetée longtemps après sa mort et rénovée par des Hollandais ou des Allemands, je ne saurais le dire.

J'ai rencontré Gustave Arfeuillère dans ma jeunesse, alors qu'il venait de quitter la petite exploitation familiale

1. Voir le « lexique sommaire de quelques expressions typiques » en fin d'ouvrage.

qui ne pouvait faire vivre plus de quatre personnes, pour s'installer à Peyrelevade, à deux pas du village de Combenègre et de l'Hôtel des Voyageurs tenu par mes parents, qui servait de gare et d'entrepôt de marchandises au temps du Transcorrézien cher à mon ami, le dessinateur humoriste Gabriel Edme. Gustave laissait la propriété à son frère qui négociait ses fromages, ses chevreaux et ses agneaux sur les marchés des environs.

Voici donc mon Gustave installé à Peyrelevade. Pour y faire quoi, direz-vous ? Son service militaire dans une ville de garnison, Toul, si ma mémoire est bonne, l'a dégauchi et lui a appris que le monde ne s'arrête pas à la nationale qui va de Meymac à Eymoutiers. Il est revenu sans avoir appris à lire et à écrire, ce dont il se foutait, mais avec la ferme intention de gagner correctement sa vie.

Il débarque à Peyrelevade, se rend chez le directeur de l'hospice pour lui demander un emploi. Comme ça, au culot ! Et ça marche. Il est incapable de s'occuper des malades et des vieux, mais il sait semer, planter, biner. On en fera un jardinier, *en chef*, comme il disait pour plaisanter, car il était seul. La vacance du précédent jardinier avait fait du jardin, du potager et du verger une sorte de friche où tout crevait. Il s'est mis en quête de graines, de plants, de boutures et en a fait un parc, un potager et un verger en quelques mois. Toutes proportions gardées, il a été pour Peyrelevade ce que Le Nôtre a été pour Versailles.

Dans la fleur de mon adolescence, je le rencontrais parfois sur les chemins du Plateau, en train de chercher un filon de bonne terre. Il en prenait une poignée, la reniflait, l'effritait entre ses mains, l'interrogeait. Il m'impressionnait avec ses grosses moustaches de dragon, reliquat de son service, son nez de doux ivrogne piqueté d'akènes comme une fraise, son allure de pachyderme, et cette attention constamment en éveil qu'il portait à la terre, au point de faire de chacune de ses promenades une manière d'expédition. On le disait taciturne mais, je ne sais pourquoi, ma présence lui plaisait, et la curiosité que je manifestais à ses préoccupations lui donnait l'occasion d'exprimer ses goûts et de satisfaire les miens.

Parfois il me tendait dans la coupe de ses grosses mains quelques pincées de terre émiettée en me disant :

– Regarde bien cette terre, petit ! Elle n'a l'air de rien mais elle vaut de l'or. Elle va me donner les plus belles asperges du pays.

Ses yeux, sous les sourcils broussailleux, pétillaient de plaisir comme ceux d'un orpailleur de la Creuse qui viendrait de découvrir une grosse pépite. D'autres fois, je le surprenais en train de maugréer entre ses moustaches roussies par le tabac :

– Et celle-là, qu'est-ce que tu en dis, à vue de nez ?

Je n'en disais rien, et pour cause : j'en ignorais tout. Il en prenait une pincée, la laisser filer entre ses doigts en marmonnant :

– Pas fameuse. Trop acide. Elle brûlerait tout... Juste bonne à faire un mélange, et avec précaution.

Ce ne sont pas ses connaissances empiriques en matière d'horticulture qui ont fait l'essentiel de la renommée de Gustave, mais une activité adjacente, moins banale, pratiquée avec la même conscience du devoir accompli : il était le seul *roumieu* à des lieues à la ronde, le dernier peut-être. Je n'en ai pas connu d'autres.

Un jour que, pour le jardin de l'hospice, il venait de cueillir des pousses de pervenches dans les mouillères de la Vézère, il s'est arrêté à l'Hôtel des Voyageurs et s'est fait servir par ma mère une bière Mapataud, sa préférée. La scène qui va suivre, je l'ai gardée en mémoire, comme si elle datait d'hier.

Gustave est là, près de la table du café, où je patauge dans un problème de robinets et de réservoir. Il me regarde en faisant des *humfff* à chaque lampée et en suçant ses moustaches, pose sa chope, en réclame une autre, puis il lance à ma mère :

– Vous venez, dimanche, à Peyrefont ?

– Qu'est-ce que j'irais faire à Peyrefont ? répond ma mère. Surtout un dimanche, avec les passages...

– Ce sera le jour de la procession à la fontaine de la Sainte-Mathilde, comme tous les ans. Possible qu'il y ait l'évêque de Tulle. Il voudrait « faire renaître la tradition », comme il dit, mais il aura du mal. Tout ça se perd.

Il ajoute, tourné vers moi :

– Et ton fils ? Ça pourrait l'intéresser, curieux comme il est. Ça lui montrerait ce que c'est, une vraie procession, comme dans le temps. Je sais bien que, dans ta famille, on consomme davantage de tourtous que d'hosties, mais la procession, ça relève de la tradition autant que de la religion. Possible que celle de Sainte-Mathilde soit la dernière.

– Tu entends, Martial ? lance ma mère. Si ça te plaît...

J'entends et j'opine : dimanche, je me rendrai à Peyrefont avec Gustave. Je ferai comme lui le *roumieu*, mais sans la conviction qui l'anime, ma famille ne m'ayant pas élevé dans la religion, comme mon camarade de classe, Amédée, qui est devenu curé.

Gustave se lève pesamment, jette quelques pièces sur la table, ajuste dans son dos sa besace débordante de pousses de pervenches et me dit :

– A dimanche, petiot ! Je passerai te prendre vers sept heures ? Tu te couvriras bien. Il fait frisquet en cette saison.

A sept heures tapantes, alors que nous venions de franchir le seuil de l'Hôtel des Voyageurs, je compris que Gustave était un personnage plus important qu'il n'y paraissait. Sous une apparence d'épouvantail, ce rustre illettré était chargé de missions confidentielles. C'était en quelque sorte un ministre de la foi. Le *roumieu* qu'il était occasionnellement n'avait pas effectué le pèlerinage de Rome pour expier une faute, ce qui lui eût mérité ce titre. Le seul détail qui pût l'assimiler à ces errants de la foi, c'est l'assiduité qu'il mettait à assister aux pèlerinages et à en rapporter pour ses *clients* des reliques, sous forme de bouteilles d'eau guérisseuse, des copeaux de croix de bois, parfois des images pieuses, et de dire des prières pour les malades et ceux que la vie avait déçus. Il n'en tirait aucun bénéfice, si ce n'est quelques avantages en nature et la sympathie de la population.

Il partait pour Peyrefont, ce dimanche-là, avec sa besace pleine de fioles et sa tête de consignes :

– Gustave, dites une prière pour ma fille qui ne guérit pas de sa varicelle.

– Gustave, intercédez auprès de sainte Mathilde pour que je gagne à la loterie.

– Gustave, n'oubliez pas l'eau pour mes rhumatismes. J'ai écrit le nom sur la fiole.

Gustave par-ci... Gustave par-là... Gustave jouait les messagers avec une bonne volonté à toute épreuve. Sa mission s'allégeait année après année, du fait que la tradition des pèlerinages aux bonnes fontaines périclitait, et que le seul qu'il fréquentât encore était celui de Peyrefont, qui attirait toujours beaucoup de monde. Cette désaffection généralisée venait soit d'un propriétaire acariâtre qui n'aimait pas qu'on viole son territoire et qu'on puise son eau, aussi sainte fût-elle, soit du curé qui ne voyait que superstition dans ces pratiques, mais surtout d'une indifférence inéluctable pour les manifestations publiques de la foi. Les pèlerinages qui ont résisté au temps, et qui peuvent aujourd'hui se compter sur les doigts d'une main, dans notre région, relèvent souvent d'une survivance sclérosée et artificielle, du goût du spectacle plus que de la foi. Moi, nourri que je suis aux mamelles de la laïcité, je regrette pourtant cette désaffection.

Nous voilà donc sur le chemin de Peyrefont, un matin de mai encore humide des vieilles pluies de l'hiver.

– Dix kilomètres à pied, me dit Gustave, je sais que ça te fait pas peur. Il faudra moins de deux heures pour arriver, en marchant bien. Pour le retour, si tu es fatigué, nous irons prendre le tacot à Bugeat. Tu arriveras chez toi à la nuit tombante.

Une randonnée de douze kilomètres, même à douze ans, ne me causait pas la moindre inquiétude. Très jeune, j'avais appris à maîtriser ma fatigue. Le temps me parut court. L'aube grisâtre du printemps réveillait des fumées sur les toits des chaumières et faisait clignoter aux fenêtres le feu ranimé dans les cheminées. On lâchait vaches, chèvres et moutons dans les pâtures, entre de grosses bourres de brume couleur de lait. Un chemin de terre qui avait recraché ses pavés romains sous l'effet du gel nous mena jusqu'à Tarnac, où l'antique fontaine fumait comme un solfatare dans l'air froid. En longeant un petit affluent de la Vienne, nous trouvâmes, peu avant Toy-Viam, des groupes de paysans endimanchés qui suivaient le même itinéraire que nous. Certaines femmes portaient encore, dans ces années d'avant quarante, le barbichet ou la coiffe, soigneusement amidonnés, et tenaient au bras ces paniers d'osier noir de fine vannerie, à deux anses, ventrus, qui servent d'ordinaire à porter la volaille et les lapins au marché.

– C'est bien, me dit Gustave, tu marches comme un homme ! Nous sommes presque arrivés.

Gros d'une cinquantaine de pèlerins qui jacassaient comme au marché, notre cortège pénétra sous les voûtes d'une cathédrale végétale de hêtres aux lourdes colonnes régulières.

– A partir de maintenant, me dit mon compagnon de route, tu ne me quittes plus, petit. La plupart des pèlerins sont des braves gens, mais il s'y mêle des brigands qui profitent du moindre rassemblement pour exploiter le pauvre monde. Ta mère t'a donné des sous ? Garde-les bien dans ton mouchoir, au fond de ta poche. Si un de ces gredins te propose des médailles de Lourdes ou des images, tu l'envoies promener.

Si j'avais attendu l'ambiance feutrée d'une célébration dominicale comme à l'église de Peyrelevade, j'aurais été déçu : c'est plutôt une kermesse qui se préparait.

Au milieu d'une clairière dont on avait fauché les fougères naissantes et d'où montait une odeur sauvage, on avait dressé un auvent de toile abritant une tribune de planches reposant sur des barricots. Un jeune musicien barbu réveillait sa cabrette et en tirait de petits sons fragiles comme des vagissements de chevreau. De part et d'autre de cet édicule, des forains avaient installé des éventaires d'objets pieux, de jouets et de mangeaille, comme pour ces fêtes de villages qu'on appelle des *votes*. Des tables et des bancs avaient été installés entre des bouquets de houx et de sureaux qui sentaient fort.

– La fontaine..., dis-je, je la vois pas.

– Tu risques pas de la voir. Pour s'y rendre, faut prendre ce sentier, sous les noisetiers. Elle est à cent mètres. Suffit de suivre le mouvement.

Ce mouvement de pèlerins nous menait, dans le plein jour, par un chemin de boue et de feuilles pourries, vers un sanctuaire rustique où, déjà, la foule s'amassait, hommes et femmes mêlés, dans un murmure profond qui rappelait les répons à mi-voix de la messe. La fontaine s'ouvrait comme une gueule de four sous un encorbellement de moellons bien équarris. Elle était surmontée d'une croix de pierre de petites dimensions, qui laissait deviner un crucifix. La pénombre de la voûte tapissée de scolopendres d'un vert acide laissait suinter une sueur de cristal.

Sur la petite levée de terre prolongeant le sommet de la fontaine, un homme d'allure bourgeoise, un *monsieur* vêtu d'une veste boutonnée jusqu'au col, tapotait avec une badine sa culotte de cheval et ses guêtres en fumant une cigarette. Gustave me glissa à l'oreille :

– C'est M. de Montvert, le propriétaire de la fontaine et du terrain qui l'entoure. Demain, si ça le prend, il arrête tout. Il peut le faire, puisqu'il est chez lui, mais il le fera pas. Il fréquente à l'évêché...

La fontaine Sainte-Mathilde évacuait son trop-plein en contrebas, dans une jolie cressonnière qui laissait entrevoir, entre les touffes d'un vert cru, un tapis de petits galets bleus et roses sur lesquels le soleil entrelaçait ses anneaux de cristal. De là, par des caprices de cascatelles et des fantaisies de méandres à travers un champ de joncaille et d'osier, le rû débouchait, au milieu d'un bois de bouleaux frasillants dans la brise de la matinée, sur le bassin interdit de lessive depuis un mois par mesure de purification.

– Tu vas t'asseoir sur cette pierre, me dit Gustave, et attendre que j'aie fini mes *simagrées*.

Il ne devait pas attacher à ce mot un sens péjoratif, car il n'eut pas un sourire. Je me dis qu'il voulait parler de ses dévotions exercées par procuration. Il sortit ses fioles marquées de petites étiquettes au nom des commanditaires, et les déposa sur la murette qui bordait le bassin : elles étaient de toutes formes et de toutes couleurs, la plupart ayant contenu des médicaments, d'autres de la bière ou de la limonade. A l'aide de la *couade*, il remplit les récipients et les reboucha avec soin en faisant sur chacun d'eux un signe de croix et en marmonnant une prière, les mains nouées sous le menton.

Il replaça les fioles dans sa musette et m'en confia la garde, puis il ôta ses socques, remonta le fond de ses pantalons pour entrer dans le bassin où, l'échine voûtée, il se mit à égrener une litanie propitiatoire accompagnée de signes de croix :

– Pour la Marie des Crozes, qu'elle guérisse de son enflure du genou... Pour le Pierre de Malard, que Dieu lui redonne l'esprit... Pour la Marguerite des Ribières, que le Seigneur lui fasse passer son flux de ventre... Amen.

Gustave avait en charge, ce jour-là, une bonne dizaine de missions intérimaires, ce qui ferait au retour une lourde charge à porter. Certaines consistaient, comme je venais de le voir, à ramener de l'eau de Sainte-Mathilde, d'autres à déposer, sur les branches de la croix de bois qui dominait le bassin, des lambeaux de linge ou de charpie portés par des malades. Taillée dans des madriers de châtaignier, cette croix de grandes dimensions revêtait l'allure de ces totems des grandes plaines d'Amérique, dessinés par Gustave Doré et Riou pour le *Tour du monde*, une ancienne revue que j'avais découverte dans le grenier de mes parents. Je ne me trouvais plus sur le Plateau limousin mais dans un village de Navajos ou de Sioux, avec, au milieu de la place centrale, ce totem chargé d'oripeaux souillés de sang, de pus, de déjections, et des femmes vêtues de noir, en oraison.

Dans la rumeur des prières et des invocations qui bourdonnait autour du bassin, la voix rocailleuse de Gustave me rappelait l'image de ces sorciers-chamanes en train d'exorciser les sauvages. Je distinguais mal ses paroles, mais seulement des brindilles de mots : divin... Seigneur... maux de la terre... paix éternelle... A la fatigue de la longue marche, cette poignante mélopée ajoutait dans ma tête un début de malaise, comme lorsque le corps exténué n'arrive pas à trouver le sommeil. Je maîtrisais l'envie qui naissait en moi de rompre le charme pour aller chercher dans la fête qui se préparait tout près de là une ambiance moins troublante, mais j'étais retenu par la consigne de ne pas bouger.

Cramponné des deux mains au rebord de la pierre où j'étais assis, un début de vertige dans la tête, j'assistai, éberlué, à la suite des *simagrées*.

Pataugeant avec quelques autres pèlerins dans le bassin dont l'eau commençait à prendre une couleur brunâtre,

Gustave officiait comme le grand sorcier des Navajos. Armé d'une couade, il puisait cette eau, la donnait à boire à des enfants infirmes que des femmes tenaient entre leurs jambes, au milieu des hautes herbes, en versait sur la nuque et dans le dos des vieilles qui souffraient du mal de la faucille ou de rhumatismes avec, à chaque aspersion, une prière et un signe de croix.

D'autres hommes étaient venus, porteurs de couades au manche long de plus d'un mètre. Ils puisaient aux endroits les moins troubles, après avoir vainement tenté d'approcher la fontaine autour de laquelle les malades s'agglutinaient comme des essaims de mouches noires. Ils buvaient et faisaient boire ceux de leur famille qui les avaient accompagnés, dessinaient le signe de la croix sur leur poitrine et, pour la prière, ôtaient leur chapeau qu'ils tenaient à deux mains sur leur blouse.

Je ne saurais mieux faire comprendre l'ambiance de paganisme récurrent qui imprégnait cette cérémonie. Assis sur ma pierre, les jambes raides de fatigue, le ventre nauséeux, la tête balayée d'un vent noir, j'avais l'impression de vivre un cauchemar.

Une naine bossue, dont le visage disparaissait à demi sous le barbichet, inclinait son buste et le relevait, comme l'âne de l'église lorsqu'on glisse une pièce de monnaie dans la fente de son dos, et marmonnait une prière en patois, d'un ton geignard. Une jeune femme chlorotique, campée à la limite extérieure du bassin, avait relevé ses jupes comme pour pisser et, accroupie, laissait l'eau lustrale lui baigner le fondement. Armé d'un couteau à saigner les porcs, un vieil homme en gilet de laine brute découpait des échardes dans le bois de la croix pour en faire des tisanes. Un idiot geignait sous un bouleau en refusant de boire à la couade qu'on lui présentait. Nue, sa peau laiteuse striée de sillons violacés, une fillette se tenait debout, accrochée à la jupe de sa mère, et hurlait chaque fois que la femme répandait de l'eau sur elle...

Si, à cette époque, j'avais lu le roman de Victor Hugo *Notre-Dame de Paris*, j'aurais pu assimiler cette scène à celles de la cour des Miracles. Des miracles ? J'ignore s'il y en eut ce jour-là, mais je crains que non. Cette eau polluée, ce n'était pas la foi, aussi sincère fût-elle, qui eût pu la purifier ou lui accorder quelque vertu curative que ce soit. J'assistais à la conjonction de la foi et de l'ignorance que, plus tard, devenu maître d'école, je dénoncerais pour mes élèves.

Je flottais toujours dans une sorte d'inconscience quand un murmure lointain de cantiques me fit sursauter. Une colonne de fidèles, venus de je ne sais où, cheminait vers la fontaine à travers la prairie en pente, dans le ruissellement des levades gorgées d'eau. Le curé de la paroisse de Peyrefont menait le cortège processionnel à pas lents, précédant le buste de sainte Mathilde porté par quatre gaillards peinant sur la déclivité, et qui tanguait dangereusement. Une théorie d'enfants vêtus de blanc et porteurs de bouquets champêtres suivait, puis une longue suite de pèlerins, des femmes pour la plupart, pressés comme des chenilles processionnaires.

Je me dis que, s'ils comptaient faire leurs ablutions, boire à la fontaine ou au bassin, l'eau ne tarderait pas à tarir.

Chapeau bas, Gustave s'avança vers la procession, s'entretint avec le curé, un gros homme rougeaud dont le visage transpirait sous la barrette, puis il retourna vers les premiers fidèles, leur ordonnant d'une voix militaire de faire place aux arrivants. Les quatre porteurs déposèrent le buste de la sainte sur une table de roche, à la base de la croix de bois, l'ôtèrent de son socle afin de la plonger dans le bassin comme pour faire sa toilette.

Pris par son travail d'officiant, qu'il accomplissait avec une autorité que je ne lui connaissais pas, Gustave semblait m'avoir oublié. Mêlé à la foule des pèlerins venus de tous les coins du Plateau, il s'entretenait avec eux comme avec de vieilles connaissances, guidant les uns vers la fontaine, proposant aux autres une aspersion d'eau à la couade. Un véritable maître de cérémonie !

Le malaise que j'avais éprouvé commençait à se dissiper sous la rafale des cantiques entonnés à pleine voix, dans la langue du pays, par une chorale de femmes dirigée par le curé, et dans le brouillon de musique populaire venant de la clairière où la fête profane se mettait en place.

Côté bassin, le pèlerinage se poursuivait dans une ambiance de funérailles. Pas la moindre gaieté n'accompagnait la ferveur de ces rites balnéaires, pas la moindre lueur d'espoir ne se lisait dans ces regards éteints chargés d'un fatalisme ancestral, avec les ombres de la solitude et de la misère.

Je n'avais pas quitté ma place et surveillais la besace où Gustave avait rangé ses fioles et ses socques, avant de vaquer à ses activités de grand ordonnateur. De temps à autre il m'adressait un clin d'œil ou un signe de la main pour s'assurer que je ne bougeais pas de mon poste et que je surveillais convenablement son précieux dépôt. Je devinais pourtant qu'il manifestait davantage d'intérêt à ces pauvres gens qu'au novice que j'étais, fils d'hôteliers socialistes à l'abri du besoin.

Ce pauvre hère avait pris soudain, pour moi qui croyais le connaître, une dimension quasi mythique. Il était devenu, le temps d'une matinée, un personnage plus important que M. de Montvert, que le maire et que le curé. Il allait et venait d'un groupe de pèlerins à un autre, cajolait un bambin, pressait une jeunesse contre sa poitrine, aidait une vieille ou un vieux à déposer leur ex-voto sur les branches de la croix. Il était devenu le *deus ex machina* de la cérémonie. J'en restais bouche bée, plein d'admiration et de fierté d'avoir un tel compagnon.

Lorsque Gustave se fut éloigné vers la fontaine en précédant un groupe de fidèles venus du village creusois de Rampnat, et que le bassin eut retrouvé peu à peu son apparence de lavoir avec sa pureté originelle, je m'estimai délivré de la consigne humiliante qui me faisait jouer les chiens de garde. Harnaché de la musette aux fioles et de celle que ma mère avait garnie de subsistances, je pris les socques de mon compagnon, son gourdin et m'éloignai en direction de la fête.

A peine avais-je déserté mon poste, je m'engageai dans la foule d'araignées noires, qui entouraient la fontaine Sainte-Mathilde, jacassant comme des pies soûles et débitant leur antienne d'une voix pressée. Il y avait là une telle affluence que je renonçai à m'approcher pour assister à la beuverie curative. Je choisis de prendre la direction de la clairière où la fête battait son plein dans une musiquette de cabrette et de violon dont jouaient de jeunes musiciens enrubannés comme des conscrits.

Je m'assis au bout d'une table de la buvette pour attendre Gustave que j'avais vu s'agiter devant la fontaine et discourir en patois. Midi venait de sonner au clocher de Peyrefont, et je me dis qu'il était temps de passer aux choses sérieuses et de sortir de ma musette le croustet de pain, les tranches de jambon, le fromage, les pommes et la bouteille de vin. Je n'avais dans l'estomac, depuis notre départ de Combenègre, que la soupe préparée par ma mère, et je me sentais une faim de moine. Ce qu'allait dire Gustave, je m'en moquais : il m'avait délaissé pour ses ouailles ; je prenais ma revanche par un mouvement d'indépendance ; il prendrait ça comme il voudrait. Ma mère m'avait appris à respecter les heures des repas ; je m'y conformais, quoi qu'il pût arriver. Et puis ma jeune nature avait ses exigences...

A peine avais-je entamé le jambon et le croustet, un des serveurs de la buvette s'appuya des deux mains à la table, en face de moi, une serviette jetée sur son épaule, et me demanda ce que je prenais. Je ne prendrais rien et je le lui dis. J'avais tout ce qu'il me fallait. Il éclata de rire et lança aux voisins de table :

– Voilà un petit monsieur qui ne manque pas de culot ! Il s'assied à ma table, occupe une place *réservée* et refuse de consommer !

Le *petit monsieur* me restait en travers de la gorge. Je ripostai que j'avais le droit de rester là, que j'attendais *monsieur* Gustave, et qu'il se débrouillerait avec lui.

– Vous entendez, les amis ? Ce garçon a le droit d'occuper gratis une place. Il attend *monsieur* Gustave...

Il se mit à crier, la main en porte-voix :

– Gustave ! Gustave ! Vous êtes demandé. On vous attend.

Reprenant son sérieux, il m'ordonna d'un ton ferme de choisir une consommation et de payer. Je voulais quoi ? Une grenadine, peut-être ? Va pour la grenadine. Il s'écria :

– Et une grenadine pour le petit monsieur !

Il alla la prendre au bar constitué d'une planche dressée sur des barricots de même que l'estrade, la posa devant moi comme qui jette un os à son chien et réclama son dû. Je dénouai le mouchoir où ma mère avait placé de quoi permettre à Gustave de se rincer la dalle et à moi de m'offrir une friandise. Elle m'avait dit :

– Si tu trouves une petite statue de Notre-Dame de Lourdes, tu me la rapportes. Une ordinaire. Surtout, dis rien à ton père, il se fâcherait.

Autour de moi, les hommes avachis devant leur canon ou leur chope considéraient la scène d'un œil torve ; d'autres rigolaient et plaisantaient avec des regards ironiques vers le *petit monsieur*. Comme je tâtonnais dans la blanchaille, le garçon lâcha :

– A ton âge, tu devrais savoir compter ! Montre un peu...

Du bout des ongles, il picora quelques pièces qu'il jeta dans la sacoche de cuir qu'il portait sur le ventre et repartit en chantonnant et en me lançant d'un air narquois :

– Merci pour le pourboire, *monsieur* !

Je trouvai à ma grenadine un goût amer qui se mêlait à un double sentiment d'humiliation : avoir été abandonné par Gustave et avoir été floué par ce minable.

Gustave, je le vis bientôt surgir de la foule avec son visage des mauvais jours. Il fondit sur moi, les épaules basses, et fit virer son chapeau sur sa tête en bougonnant :

– Miladiou ! Ça fait un bout de temps que je te cherche. Je t'avais pourtant dit de pas bouger et de garder mes affaires. Et toi, tu fous le camp sans rien dire ! J'ai cherché mes socques partout. J'avais bonne mine, pieds nus, pour la réception du châtelain !

Comme je n'étais pas d'humeur à accepter une injustice, après les deux humiliations que j'avais subies, je ripostai avec aplomb : c'est lui, Gustave, qui m'avait laissé tomber pour faire ses *simagrées*, comme il disait. Et puis j'avais faim, moi ! Et puis je me languissais, seul, sur ma pierre !

Il semblait avoir fait honneur à la réception que M. de Montvert offrait traditionnellement aux autorités civiles et religieuses : sa parole était hésitante, il avait de l'écume dans ses moustaches et il titubait. Je lui lançai :

– Au lieu de t'arsouiller, tu aurais mieux fait de t'occuper de moi !

Un trait de colère traversa son regard. Il soupira profondément, rejeta son chapeau sur sa nuque, écarta d'un coup de rein un consommateur pour s'asseoir en face de moi, bras croisés, grommelant :

– Foutue journée... C'est d'abord l'évêque qui annonce sa présence et qui vient pas. Ensuite je te perds. Pour finir, j'apprends que ce pèlerinage à la fontaine Sainte-Mathilde sera le dernier. Ouais, mon gars ! La préfecture s'inquiète pour la population, à cause des microbes. Il y en avait autant il y a des siècles, et personne n'en est mort, du moins à ma connaissance. Savent plus quoi inventer, ces fonctionnaires. Alors, c'est décidé : on ferme ! Ça commence par Peyrefont et ça va se poursuivre sans doute avec Lagraulière, Saint-Mexent et tous les autres. Restera plus que Lourdes, et encore ! Trouveront bien quelque chose pour interdire la grotte miraculeuse !

Il se redressa, sortit son couteau, se tailla une tranche dans le croustet, y étala une tranche de jambon et se fit porter une bouteille de vin, parce qu'il devait prendre quelque chose. Il me jeta :

– C'est toi qui as les sous. Alors, tu payes !

Je déployai de nouveau mon mouchoir sur la table. Gustave fronça les sourcils, compta, recompta, se gratta le menton, jura :

– Miladiou ! Tu as dépensé tout ça ? Et pour acheter quoi ? une statuette en or pour ta mère ?

– Non : c'était pour la grenadine.

Je désignai d'un mouvement du menton le garçon qui bredouilla :

– Laissez donc, monsieur Gustave, c'est la maison qui régale.

– La maison ? bougonna Gustave. Je trouve qu'elle a un peu forcé sur la note, la maison. Trois francs pour une grenadine...

L'autre balbutia qu'il y avait sans doute une erreur, que le *petit monsieur* ne savait pas compter, et que...

– Et toi, brigand, s'écria Gustave, tu le sais trop bien. Tu vas rendre cet argent ou je te fous mon poing sur la gueule !

– Mais, monsieur Gustave...

– Il n'y a pas de mais...

Gustave se leva lentement, prit le garçon au collet, le secoua comme un prunier, criant qu'il n'était pas d'humeur à finasser. Autour de nous, des yeux de veaux commençaient à faire battre leurs paupières sur une lueur d'intérêt. L'affaire prit une autre tournure quand le patron, alerté par l'esclandre, rappliqua, balin-balan, son ventre proéminent ballottant sous le tablier bleu. Il ramena l'ordre avec autorité d'un bon coup de gueule à faire vibrer les verres, engueula le garçon, offrit une deuxième chopine à Gustave et lui présenta ses excuses.

Il était temps : les pouces dans le ceinturon, deux gendarmes venaient de surgir.

Gustave et moi, nous avions très faim, si bien que le contenu de la musette y passa et que nous nous offrîmes en plus une large platée de *merveilles*, ces délicieux beignets frits dans l'huile, qu'on appelle aussi *jambes d'ouilles*, du fait de leurs formes. Gustave commanda du café pour deux, un verre de gnole pour lui, et parut réconcilié avec le monde entier. Dans ce printemps tiédasse et lourd qui nous engourdissait, nous étions pareils au vieux Mentor et au jeune Télémaque observant les rivages d'Asie à bord de leur galère amirale. Il replia ses bras sur la table, annonça une *petite sieste* et se mit à ronfler comme un sonneur. Il n'était pas le seul, si bien que je fis de même.

Lorsque Gustave commença à remuer sa vieille carcasse et à émerger de son sommeil d'ivrogne qui libérait des vents nauséabonds, je lui dis :

– Notre-Dame de Lourdes... Faudrait peut-être y penser avant de partir.

– Penser à quoi, tu dis ?

Je lui rappelai la requête discrète de ma mère : comme je ne pouvais lui rapporter une image de Sainte-Mathilde de Peyrefont, et pour cause, ce serait une petite statuette de la Vierge de Massabielle. Si j'en trouvais une...

Quand il fut pleinement réveillé et qu'il eut absorbé un autre verre de gnôle, il m'accompagna pour faire mon achat. Nous parcourûmes vainement tous les étalages de bondieuseries, sans rien trouver qui nous convienne. Ah ! des chapelets, il y en avait de toutes sortes, en veux-tu, en voilà : en buis, en glands vernis, en verre, avec ou sans dorure, en lentilles et en pois cassés, ainsi qu'un grand choix d'images de première communion, des vierges en celluloïd, en faïence, en terre cuite, mais qui ne portaient pas la mention de Lourdes.

– Faut pourtant que je lui rapporte quelque chose... dis-je.

– Le tourniquet ! dit Gustave en se touchant la tempe.

Pour trois ou quatre sous, je gagnai une tasse bretonne en faïence de Quimper, avec des images de bigoudènes du plus beau bleu.

– Avec ça, dit Gustave, si ta mère est pas contente...

Il était quatre heures quand il décida d'aller en *tourner une* au bal qui se tenait en marge de la fête, dans une hêtraie profonde comme une crypte, illuminée par la lumière diaphane des jeunes feuilles. Comme il était ivre à trébucher sur le moindre obstacle, je tâchai, mais en vain, de l'en dissuader. Il me décevait. Parti à l'aube avec la simplicité et l'ardeur des compagnons du Christ sur les routes de Galilée, il reviendrait ivre comme un Polonais, avec dans le cœur plus de paganisme que de foi.

Il dansa une bourrée à quatre avec des gars de Madranges, une polka et une *valsovienne*. Par je ne sais quel miracle, il tenait assez bien le pas et lançait d'une voix tonitruante le hennissement des guerriers lémovices partant se battre contre les légions de César.

Il vint me rejoindre en s'épongeant le front et me dit :

– Petit, faut pas trop tarder à foutre le camp. Ta mère pourrait porter peine.

Et soudain, chancelant d'avant en arrière, il s'écria :

– Miladiou ! J'allais oublier les reliques. Suis-moi !

Il m'entraîna vers le bassin et la grande croix qui le dominait comme un Golgotha dérisoire, avec ses ex-voto de linges souillés et de guenilles qui pendaient à ses bras comme la mousse espagnole aux cyprès de Louisiane. Il prit le temps d'enfoncer un clou dans le tronc d'un arbre mort pour satisfaire à une mission confidentielle : une fille, me dit-il, qui voulait trouver un fiancé... Il tailla da avec son couteau le fût de la croix, ce que beaucoup d'autres pèlerins avaient fait avant lui, et marmonna je ne sais quelle litanie conjuratoire en patois. Il jeta dans son mouchoir quelques copeaux dont les vieux, les malades et les infirmes qui composaient l'essentiel de sa *clientèle* feraient des tisanes.

– Et maintenant, me lança-t-il d'une voix joyeuse, en route, mauvaise troupe !

Aussi taciturne avait-il été à l'aller, aussi prolixe fut-il au retour. Il interrompait de temps à autre notre marche pour aller pisser, boire ce qui restait de vin dans sa besace ou pour souffler. Tout en marchant il me racontait des histoires de régiment, me parlait du *pauvre monde* qui attendait ces reliques, ou me chantait des chansons de corps de garde en s'appuyant à mon épaule. Les fioles d'eau qui s'entrechoquaient dans son dos l'accompagnaient d'une musique de cristal.

Pour parcourir les dix kilomètres qui nous séparaient de Combenègre, nous mîmes près de trois heures. La nuit venait de tomber quand nous arrivâmes. Ma mère nous attendait sur le pas de la porte, bras croisés, après avoir trempé la soupe. Elle ne nous fit aucun reproche, ne se montra pas trop déçue par la tasse bretonne, elle qui, pourtant, espérait Bernadette Soubirou. Gustave lui remit un copeau de la croix, qu'elle porta à ses lèvres en se signant. Elle fit réchauffer la soupe, battit une omelette à l'oseille. Comme il se faisait tard, elle proposa à mon compagnon de route de l'héberger pour la nuit. Elle ajouta :

– D'ailleurs, dans l'état où vous êtes, mon pauvre Arfeuillère, vous risqueriez de tomber dans un fossé et d'y passer la nuit...

Le pèlerinage de Peyrefont était bien le dernier de cette importance. D'autres disparitions allaient suivre, pour cause de pollution, d'indifférence, ou parce que les propriétaires voyaient d'un mauvais œil cette chienlit se déployer sur leurs terres.

Je garde de ce dimanche à la fontaine de Sainte-Mathilde un souvenir fait de confusion et de perplexité. Ce mélange de foi naïve (celle du charbonnier, comme on dit), de paganisme récurrent, de fête populaire, avait sur le coup de quoi me déconcerter et, plus tard, me faire réfléchir. Ces cérémonies sont mortes, j'imagine, de cette équivoque. En les christianisant, l'Eglise avait laissé subsister des résidus de paganisme qui, à la longue, les condamnaient. Ce qu'il y avait à l'origine de poétique dans ces manifestations s'était fondu dans le rite catholique pour produire un étrange compromis.

De temps à autre, en été, alors que les gens de la ville reviennent passer des vacances en famille, j'assiste, à titre de correspondant de la presse régionale, à quelques-unes de ces processions devenues rares : on y promène un saint ou une sainte enrubannés de fanfreluches, jusqu'à une fontaine perdue dans la forêt ou la lande. Comme disait ma mère : ça faisait une promenade.

Gustave a payé cher son inconduite lors de la dernière procession de Sainte-Mathilde. Cela s'est su. Le directeur l'a fait appeler dans son bureau pour lui demander des comptes. Il ne l'a pas licencié, car ce vieil homme eût fini comme une épave, mais il lui a ôté sa fonction, et donc ce qui lui restait de dignité, pour le garder comme simple pensionnaire à la charge de la commune.

Gustave est mort durant la dernière guerre. Un matin, la Milice est venue le cueillir à l'hospice, sous prétexte que, la veille, au bistrot, ivre comme cela lui arrivait souvent, il avait tenu des propres défaitistes sur l'armée allemande. Il s'est défendu avec son couteau et a blessé un milicien.

On a retrouvé son cadavre en marge de la tourbière du Longeyroux où nous allions parfois herboriser et surveiller les vipères et les oiseaux. Une balle lui avait fracassé la tête. Il tenait encore dans sa main refermée une médaille de la Sainte Vierge.

Le maudit

Je vous l'affirme, monsieur Martial : loup-garou, c'est un foutu métier. Un métier ? Si l'on veut. Je dirais plutôt un état, une situation fixée par un contrat qu'il faut assumer coûte que coûte, sans trop se poser de questions, car, voyez-vous, elles n'ont pas de réponse.

Comment j'en suis arrivé là, et qu'est-ce que j'ai fait pour mériter ça ? Le diable me crame si j'en sais quelque chose ! Je ne me souviens de rien, comme si l'on avait effacé d'un revers de main le givre sur la vitre. Une sorte d'amnésie, si vous voulez. Depuis combien de temps est-ce que je fais l'imbécile, la nuit, malgré moi ? Je jure que je ne m'en souviens pas non plus. Ça pourrait remonter à sept ans, guère plus ou guère moins.

Vous paraissez sceptique, monsieur Martial, vous qui ne croyez ni à Dieu ni au diable, mais patientez et vous verrez que je ne vous raconte pas des balivernes.

Vous me connaissez bien. Moi, Léopold, je suis l'un de vos anciens élèves, et pas le plus doué, j'en conviens. Né dans une famille de pauvres et de laborieux, où l'on est attaché à la terre depuis des générations, depuis les croisades peut-être, où l'on est catholique sans être bigot, je jure que je n'ai rien fait qui puisse expliquer ce qui m'arrive. A moins qu'un de mes ancêtres m'ait laissé en héritage un lourd péché à expier. Tout ce que je sais, c'est vous qui me l'avez appris. C'est vous qui m'avez donné des leçons particulières pour que je décroche mon certificat d'études. Si je n'ai pas pu pousser plus avant, c'est que je faisais besoin à la ferme, que mon père était plus porté sur la bouteille que sur l'eau bénite et que mon frère est passé gendre à la ville, comme vous savez. Tout ça pour vous dire que j'ai dû trimer dur, seul avec ma Berthe, que je suis honnête et que je n'ai pas mérité cette malédiction.

Oui... bon... Il est vrai que je n'ai pas toujours été un mari exemplaire. Il m'arrive de boire un coup de trop, le dimanche et les jours de foire, mais cette manie, ce vice si vous préférez, est à mettre sur le compte de l'hérédité et de ce qu'on appelle l'entraînement. Ah! les bons copains... On les rejoint au bistrot pour ne pas passer pour un sauvage, on commence à battre la carte et on finit par battre la campagne et par cogner sur sa femme. Cette pauvre Berthe, elle aura bien mérité son paradis. Je sais, monsieur Martial : ces actes sont indignes d'un de vos anciens élèves et je m'en repens sincèrement.

Je me dis que c'est peut-être de là que vient la malédiction qui m'accable, mais je n'arrive pas à savoir pourquoi c'est tombé sur moi et qui me l'a imposée, de Dieu ou du diable. Peut-être, à la réflexion, le Drac. Ce bougre de petit génie malfaisant, on ne sait jamais de quoi il est capable. Sournois comme il est, il faut s'en méfier comme de la vérole. Et une fois qu'il a fait le mal, pour le plaisir, allez donc l'attraper!

Voilà où j'en suis, monsieur Martial : ne pas savoir le nom de celui qui m'a imposé cette corvée de nuit, et surtout pour quelles raisons. Car, entre nous, et sans vouloir nommer personne, si tous les hommes qui picolent et battent leur femme étaient comme moi transformés en garous, les chemins de la nuit seraient bigrement encombrés. Ces malheureux pourraient se regrouper en confrérie, avec des assemblées générales, un repas annuel comme celui des chasseurs, des visites guidées dans les châteaux des Carpathes où l'on dit qu'il se passe des phénomènes dont on n'a pas idée.

Je plaisante, monsieur Martial, mais ce que je vous raconte n'a rien de drôle, croyez-moi, et je jure que je n'ai pas bu une goutte de gnôle depuis hier, sauf ce matin, dans mon café, pour la rincette. Vous qui me connaissez bien, vous savez que je suis sain de corps et d'esprit, courageux et honnête. Je vous sais gré de m'écouter, mais je serai surtout content que vous me preniez au sérieux. Je suppose que ça doit vous sembler difficile, à vous qui êtes savant – si, si ! ne protestez pas – et qui, comme saint Thomas, ne croyez que ce que vous voyez.

Bref. Cette histoire, à son origine, ne m'a laissé qu'un souvenir. Vous allez rire, peut-être ! Je jure que je ne suis pas somnambule, ce qui pourrait tout expliquer. Une nuit, je me retrouve tout nu dans la cour, sans savoir pourquoi ni comment. Avec une lune ronde et pleine, blanche comme une mique entre les piboules – je veux dire les peupliers. En train de grelotter, car on est en janvier et que le froid pique ferme. Le plus étrange, c'est non seulement que j'ignore pourquoi je me trouve planté là, comme un couillon, mais que je me fous de le savoir. Je me sens vide de l'intérieur, de la tête aux pieds, comme une coquille de noix récurée par un écureuil. Il paraît que ce dédoublement de personnalité, comme on dit, est un phénomène plus courant qu'on ne le pense. J'ai vu une émission sur ce sujet, à la télé : votre corps est ici et votre esprit là, en train de flotter quelque part, comme une brume du petit matin. Vous y croyez, vous, à ce phénomène ? Non ? Je n'y croyais pas non plus. Pourtant, c'est ce qui m'est arrivé.

Je regarde la lune. Le froid me serre de partout, quand j'entends un bourdon de voix. Comme Jeanne d'Arc près de sa fontaine de Domrémy, oui. Vous souriez, monsieur Martial ? Pourtant, c'est bien une voix d'homme, et elle me donne des consignes, comme au régiment ou au téléphone quand on a fait un faux numéro : elle me dit que je fouille dans le tas de fumier, que j'y trouverai ce qui m'attend. Je prends la fourche comme un robot, et vas-y petit ! Je dégote devinez quoi ? Un manteau de fourrure. Pas de l'hermine ou du vison : une sorte de vieux paillasson qui peut être une peau de chien ou de loup, où ne manquent ni la tête ni les pattes ni la queue.

La voix ajoute que je dois me l'attacher sur le dos et partir à travers la campagne. Moi, grand couillon que je suis, j'obéis sans broncher. Je ne sais pas si l'idée vous est venue, par simple fantaisie, pour vous amuser, d'essayer de marcher à quatre pattes. Non, bien sûr ! Au début, ça n'était pas facile, mais je m'y suis mis assez vite, et j'aurais pu, à la longue, donner une tête d'avance à un lévrier sur un champ de courses. J'exagère ? A peine...

La voix s'accroche à moi comme si j'avais un baladeur aux oreilles. Elle m'ordonne de prendre la direction de Crouzevialle. Pourquoi Crouzevialle, me direz-vous ? Allez savoir ! Je ne me pose pas la question, complètement anesthésié que je suis. Je galope jusqu'à ce bourg. Personne. La voix me commande d'aller jusqu'à Bernassou ?

Je me rends à Bernassou, en sueur, langue pendante, avec toujours sur moi cette odeur de fumier et de peau mal tannée. Je fais le tour de l'église. Toujours personne. Autre consigne : piquer droit à travers les taillis, vers les Vitarelles. Arrivé là, qu'est-ce que je vois ? Un homme qui sort de sa ferme pour aller pisser au clair de lune. Ordre de la voix : lui sauter sur le râble ! Je vous rassure : pas pour le dévorer mais pour me faire porter sur ses épaules. Il ne fait pas un geste pour se défendre, ne pousse pas un cri, paralysé qu'il est par la peur. Je lui dis d'avancer ; il avance avec moi sur son dos, ravi de cette pause inespérée. Il fait une centaine de mètres en ahanant, gémit et s'écroule.

Cette histoire pharamineuse n'a pas fait grand bruit à l'époque, car le bonhomme était âgé et sujet à des absences : je veux dire qu'il lui arrivait de perdre la boule. Il a raconté qu'il avait été agressé par un animal, un chien sans doute, qui sentait le fumier ; on l'a cru, mais on a franchement rigolé quand il a ajouté qu'il avait fait cent mètres avec ce monstre sur le dos, comme un nègre d'Afrique portant un colon pour traverser un gué.

Attendez, monsieur Martial ! Je n'en ai pas fini. Ce n'est que la première station de mon calvaire que je vous raconte.

Sept paroisses, monsieur Martial ! J'ai dû passer par sept paroisses, tantôt au trot, tantôt au galop pour respecter le contrat – comment dit-on ? unilatéral – qui m'était imposé. Comment j'ai pu supporter cette galopade démente, je n'en sais foutre rien. Ce dont je me souviens, c'est que je me suis réveillé le matin, dans mon lit, avec Berthe qui ronflait près de moi, après avoir caché la peau de bête dans le fumier, comme j'avais obligation de le faire. J'ouvris les yeux, fatigué mais détendu, tranquille comme Baptiste.

Ce qui me fait dire que je n'ai pas rêvé, c'est que la Berthe, à peine réveillée, m'a demandé d'où venait cette odeur de fumier et de peau mal tannée qu'on ne respire qu'au pont d'Uzerche. J'étais bien incapable de lui répondre car tout ce qui s'était passé dans la nuit avait disparu, comme lorsque vous me faisiez effacer les problèmes sur le tableau noir, vous vous souvenez ? Tout ce qui restait dans ma mémoire, c'étaient quelques lambeaux d'un mauvais rêve auquel je n'attachai guère d'importance. Il me restait aussi une énorme fatigue qui me nouait les muscles, si bien que je suis demeuré toute la journée à rouler cigarette sur cigarette dans le cantou et à ne me lever que pour aller tailler un croustou dans la tourte ou boire un verre de vin, incapable que j'étais de me mettre au travail. C'était bien le signe qu'il s'était passé dans la nuit quelque événement dont je n'avais pas été maître.

Vous devez penser que j'avais perdu le nord ou que j'étais menacé d'une crise de delirium à la suite d'une fameuse cuite, mais j'avais encore dans l'oreille cette voix d'homme, ou de je ne sais quoi, qui me disait, par exemple : « Et maintenant, tu vas filer vers les Jarriges ! »

La Berthe a commencé à se faire du souci et à parler de me conduire au médecin, ce dont je n'avais cure car je fuis cette engeance. Elle a fini par renoncer à son projet parce que, jour après jour, j'ai retrouvé mon équilibre.

La voix m'a foutu la paix pendant environ un mois. J'ai repris du service une nuit de février, quand je me suis retrouvé dans la cour de ma ferme, à poil, sauf votre respect, avec aux oreilles mon baladeur qui me donnait le programme de la nuit, et une nouvelle consigne : égorger un chien et boire son sang. Pour le coup, j'ai regimbé : ça m'était impossible.

Et me voilà reparti, déguisé en loup-garou, pour une nouvelle équipée nocturne !

Cette comédie s'est renouvelée tous les mois, durant deux ou trois ans, puis s'est espacée. Les derniers temps, elle se reproduisait une fois par trimestre, puis par semestre, toujours ou presque par nuits de pleine lune. L'été dernier, au temps des battages, fourbu comme je l'étais à délier les gerbes au sommet de la batteuse, par une chaleur d'enfer, il m'a fallu, la nuit suivante, reprendre le collier et parcourir mes sept paroisses à quatre pattes. Le lendemain, alors qu'on m'attendait pour un battage aux Bouyges, je me suis alité pour la journée en prétextant un lumbago. J'étais devenu maigre comme un épouvantail et, beaucoup s'en sont aperçus, à commencer par ma Berthe, un peu bizarre. J'aime parler, vous le savez, et je restais des jours sans proférer une parole, sinon bonjour, bonsoir ou passe-moi le pain.

Cette fois-ci, Berthe s'est doutée que quelque chose ne tournait pas rond, et a commencé à s'inquiéter sérieusement. Elle passait une partie de ses nuits éveillée, allant jusqu'à me suspecter de me lever pour aller courir la gueuse. Tu parles, Charles ! J'avais plutôt envie d'aller me jeter dans la Dordogne ou sous le train de Rodez.

Elle a fini par me traîner chez le toubib, de force, s'est entretenue longuement avec lui, disant, ce qu'elle m'a appris par la suite, que je la négligeais depuis des lustres et que, certains matins, elle respirait sur moi des odeurs suspectes qui n'étaient pas celles de la rose. J'ai dû me laisser examiner des pieds à la tête, et notamment au-dessous de la ceinture, sans que ce brave homme de médecin trouve quoi que ce soit d'anormal, sinon une baisse alarmante de tension, ce qui ne vous étonnera guère. Il m'a prescrit du repos et des vitamines, en me disant que, si ça ne me faisait pas de bien, ça ne risquait pas de me faire du mal.

Alors, voilà, monsieur Martial, j'en ai assez de ce manège, plus qu'assez même ! Passe encore que la voix m'impose un marathon nocturne de sept paroisses, parce que j'en ai pris l'habitude, mais, quand elle m'ordonne de sauter sur le dos d'un pauvre homme, en pleine nuit, dans une cour de ferme ou au coin d'un bois, pour lui faire peur, au risque de lui faire péter le cœur, c'est une autre affaire.

Tenez : une nuit, je suis tombé sur une pauvre vieille qui revenait de vendre ses œufs à la foire de Meyssac. Elle a été prise d'une telle panique qu'elle en est morte sur le coup. Alors, je dis : non, c'en est assez. Plutôt que de recommencer, qu'on m'attache sur mon lit ou qu'on me mette la camisole de force !

Vous me demandez comment je vais en finir, monsieur Martial ? Ma décision est prise et personne ne me regrettera. Vous, peut-être, qui êtes pour moi une sorte de confesseur laïque. J'avais bien pensé confier mon cas au curé, mais il m'aurait envoyé à l'exorciste et demandé de prier pour obtenir le secours du Bon Dieu, alors que c'est peut-être de lui que vient cette volonté de châtiment. Quant à mon épouse... cette pauvre Berthe, elle ne me regrettera guère, elle non plus, feignant et ivrogne que je suis devenu par la force des choses ; elle essuiera une larme, dira une prière pour le maudit et me portera des fleurs au cimetière, mais elle m'oubliera vite, car ça fait un bail qu'elle et moi on est comme chien et chat et qu'elle va bientôt foutre le camp chez sa mère.

Non, monsieur Martial, inutile d'essayer de me faire revenir en arrière. Ma décision est arrêtée, et vous ne saurez ni le jour ni l'heure. Ça pourra avoir lieu demain, après-demain, dans une semaine ou dans un mois, mais je respecterai la promesse que je me suis faite. Pas moyen d'agir autrement. Quand on ne peut supprimer le mal, mieux vaut supprimer le malade. Convenez-en et pardonnez-moi.

Au fait, monsieur Martial, j'ai entendu à la radio que le mal qui m'accable porte un drôle de nom pour dire loup-garou. Rappelez-moi comment ça s'appelle, vous qui êtes savant. Lycan... *Lycanthropie*... C'est bien ça. Merci, monsieur Martial...

La couleuvre Pâquerette

Pour Renée, mon épouse

J'ai un peu honte de vous l'avouer, monsieur Martial : je n'ai pas versé une larme à la mort de mes parents. N'allez pas en déduire que j'ai le cœur sec, mais j'éprouvais le sentiment qu'ils ne faisaient que s'absenter. Je dois préciser pourtant qu'il n'y avait jamais eu dans nos rapports des élans de tendresse comme on en lit dans les romans et comme on en voit au cinéma. C'est ainsi, et je n'y peux rien.

En revanche – et là encore, j'ai quelque scrupule à vous le confier – j'ai pleuré comme une Madeleine et perdu connaissance le jour où l'on a tué Pâquerette. Il est vrai que j'entrais dans mon adolescence et qu'en cette période de notre vie nous avons le cœur ouvert à l'émotion, plus qu'à l'âge adulte où les occasions de se lamenter pour des raisons sérieuses, voire graves, sont plus fréquentes.

C'est un véritable chagrin d'amour, et le premier, que j'ai éprouvé lorsque ma compagne a disparu, tuée d'un coup de fusil par mon père. Lorsque j'ai repris mes esprits, je me suis senti dépossédé de ce qui faisait ma raison de vivre : un beau sentiment, pour me retrouver devant un monde sans amour.

En émergeant de ma nuit, j'ai entendu ma mère soupirer :

– Décidément, mon garçon, tu es une petite nature. La vie se chargera, je l'espère, de t'endurcir. Pleurer pour un serpent mort...

Oui, monsieur Martial : la créature que je pleurais était un animal, un serpent, une couleuvre. Vous souriez ? Pourtant il s'était tissé entre elle et moi quelque chose que l'on pouvait prendre pour de l'amitié, peut-être unilatérale d'ailleurs, mais allez savoir ce qui peut se passer dans la cervelle d'un reptile, grosse, j'imagine, comme une noix ? Ce qui est certain, c'est qu'il y avait de la part de cette pauvre bête, sinon de l'amour ou de l'amitié, du moins un attachement réel.

Depuis ma plus tendre enfance, j'ai eu des rapports complexes avec les animaux : les serpents notamment, les couleuvres en particulier.

En vacances d'été chez des amis de la famille, sur les bords de la Dordogne, j'étais souvent confronté à des rencontres avec ces ophidiens. Au début, j'en éprouvais une répulsion bien naturelle, en même temps qu'une fascination, comme ce personnage féminin d'une nouvelle de John Steinbeck qui passait des heures dans un vivarium, à regarder évoluer les serpents exotiques de la Louisiane et de la Floride.

Mes compagnons de vacances et moi allions souvent nous baigner dans des sablières abandonnées, au milieu des saules et des robiniers de la rive. Il y avait là des excavations profondes de plusieurs mètres, emplies d'une eau saumâtre attiédie par le soleil, où nous nous baignions plus volontiers que dans la rivière, car il n'y avait pas de courant et que l'eau était moins fraîche.

Ces trous d'eau étaient la demeure de prédilection des reptiles. Cette cohabitation ne nous gênait guère dans nos baignades et leur donnait même un certain piquant, si j'ose dire, car il s'agissait uniquement d'inoffensives couleuvres. J'avais appris très vite à les différencier des vipères et des grosses péliades que nous découvrions parfois dans les vasières des *couannes*, ces bras morts de la Dordogne, et qu'il valait mieux ne pas approcher.

Nous capturions parfois des couleuvres, à l'épuisette, pour nous en amuser, mais je répugnais au jeu cruel qui consistait à les jeter dans un trou, à les arroser d'essence et à les regarder brûler. Un autre jeu consistait à les maintenir immobiles et à les couper en morceaux qui se trémoussaient durant de longues minutes dans leur sang.

J'ai éprouvé un véritable sentiment de révolte contre ces cruautés stupides et inutiles envers des animaux, un jour de mai, sur les hauteurs de Rocamadour. Un car de touristes venait de s'arrêter sur la place, alors que je me tenais, assis sur ma bicyclette, le long de la murette qui domine la ville sainte. Mon attention fut attirée par des cris de femmes. Les touristes avaient fait cercle autour d'un spectacle peu banal : deux couleuvres en train d'exécuter une danse nuptiale. Si vous aviez assisté à une scène de ce genre, monsieur Martial, vous ne l'auriez sûrement jamais oubliée ! Les deux reptiles s'enroulaient l'un à l'autre comme un caducée, dressés sur leur queue. Je me dis qu'en prêtant l'oreille on aurait peut-être entendu une sorte de chant d'amour.

Le chauffeur du car est venu mettre fin à cette pariade harmonieuse. Empruntant la canne d'un voyageur, il s'est mis à frapper à tour de bras sur le couple, le massacrant en pleine extase, ce qui était peut-être, comme on dit, une belle mort. Ce ne sont pas les deux mots de l'antique : Eros et Thanatos, qui sont venus aux lèvres de cette brute, mais des imprécations sordides. Il venait de détruire une des plus vertigineuses images de beauté qu'il m'ait jamais été donné de voir.

De ce jour j'ai éprouvé pour les reptiles en général une sorte de fascination à laquelle s'est ajoutée, pour les couleuvres, une passion. Je n'ai jamais tué une vipère ; s'il s'en présente une sur mon chemin (et vous savez qu'elles pullulent en Corrèze), je l'observe sans la déranger ; elle ne bouge que si je frappe le sol du pied ou si je la caresse avec une brindille.

Dans la ferme de mes parents, non loin de Treignac, dans les Monédières, j'avais pris l'habitude, en été, de consommer la tartine de mon quatre-heures (ma collation comme on dit aujourd'hui) aux alentours de l'habitation, adossé à une ruine de grange qu'on appelait la maison des Pascarel, du nom de ses anciens propriétaires. Je m'asseyais pour goûter sur le banc de pierre de la façade, puis je m'en servais de table pour réviser mes leçons.

Un après-midi, peu avant les vacances de Pâques, je suis en train de feuilleter mon Lavisse quand mon attention est attirée par le bruit d'un frôlement, comme celui d'une corde qu'on tirerait dans l'herbe. Retenant ma respiration, j'évite de bouger, et soudain je vois apparaître une tête effilée d'où sort par à-coups une langue frétillante. La forme de la tête, celle de la pupille me rassurent : il s'agit d'une couleuvre. Sans être monstrueuse, celle-ci est de belle taille, à en juger par le reste du corps qui ondule dans les menthes sauvages.

Quiconque se serait trouvé dans ma situation aurait pris la fuite ou aurait cherché un bâton pour tuer l'intruse. Je suis resté, observant une immobilité parfaite. A ma grande surprise, la tête délicate s'est hissée au niveau du banc et a raflé sur la pierre les miettes de mon goûter et le gras du jambon. Elle s'est enhardie, a glissé sur mon Lavisse et, avec de beaux méandres indolents, a traversé toute la longueur du banc avant de se perdre dans la végétation sauvage qui entoure la grange.

Ma première idée fut qu'elle était familière de ces lieux et de mes habitudes, mais ce qui me parut singulier, c'est que, d'ordinaire, elle devait attendre que je me sois retiré pour finir mes restes.

Cette première rencontre me laissait perplexe. Allais-je renoncer à ce lieu de travail en plein air pour faire place à cette *bestiole* ? Allions-nous cohabiter, au risque, de ma part, d'en oublier mes leçons ?

Quand je dis cette *bestiole*, c'est façon de parler car, à vrai dire, elle n'était pas loin d'atteindre les deux mètres, une dimension assez exceptionnelle sous nos latitudes.

Comme cette rencontre avait eu lieu aux environs de Pâques, j'appelai ma couleuvre Pâquerette. Je me disais que ce nom lui allait à la perfection lorsque je la voyais s'extraire lentement du vieux pailler où elle avait élu domicile, pour s'avancer vers moi à travers les boutons d'or et les marguerites.

Depuis quand était-elle locataire de cet endroit ? Son âge ne s'inscrivait pas sur son large collier ou sur les trois plaques qu'elle portait entre ses gros yeux ronds. Depuis des années, peut-être, à en juger par sa taille, mais je manque des notions d'herpétologie qui me permettraient de le préciser. Vivait-elle seule ? Avait-elle donné naissance à des couleuvreaux, chaque portée, je devais l'apprendre par la suite, pouvant compter entre vingt et trente sujets ? Par quel miracle de prudence avait-elle échappé à la vigilance de ma famille ?

Autant de questions que je me posais lorsqu'elle eut disparu dans sa petite jungle familière pour aller se nicher, dans quel terrier ? sous quelle pierre ? dans quel *inferno* ? en compagnie des divinités chthoniennes. Je supposai qu'elle devait m'observer depuis un certain temps déjà, à travers les ramures du vieux pommier qui ombrage la masure. A diverses reprises j'avais surpris, entre ombre et lumière, des mouvements singuliers que j'attribuais aux oiseaux.

Je me permets une parenthèse pour dire que la légende des couleuvres buveuses de lait à même le pis des vaches a fait long feu. Les serpents, on l'a démontré, n'aiment pas le lait. A quelque temps de là, je me livrai à une expérience : je laissai sur le banc une soucoupe du lait que je venais de traire ; le lendemain, le récipient était toujours plein. Je renouvelai l'expérience avec le même résultat. En revanche, il ne restait rien des souris que j'avais prises au piège et que je lui avais apportées. Il y a, je l'appris par la suite, incompatibilité entre la bouche du serpent et le pis de la vache, ce qui interdit la succion. Mais les légendes ont la vie dure. Je connais des paysans qui n'ont pas renoncé à cette croyance absurde ; certains prétendent même avoir surpris la scène : ils fabulent. Ce qui peut induire en erreur, c'est qu'une couleuvre tuée dans une étable où elle a trouvé un abri peut évacuer en mourant un liquide mousseux, une sorte de substance mucilagineuse, qui peut avoir l'aspect du lait.

Pâquerette et moi sommes devenus d'emblée, sinon des amis (nous ne sommes pas dans un conte de fées !), du moins des compagnons de solitude. Je me refusai à l'idée de prévenir ma famille de cette présence inopportune pour eux : c'eût été condamner Pâquerette à une mort inéluctable. Fort de cette certitude, je gardai cette relation par-devers moi, me réservant d'organiser nos rapports à ma guise, ce que je ne manquai pas de faire.

Ces rapports durèrent tout le printemps et le début de l'été, à l'exception des jours de mauvais temps. Ils devinrent quasiment quotidiens avec la chaleur. En me rendant à nos rendez-vous, je n'oubliais pas d'apporter à ma compagne sa ration de gras de jambon, de viande prélevée sur ma part, de souris et de rats qu'elle gobait sans façon, avec voracité. Je la vis un jour se traîner vers moi avec un ventre énorme et une allure plus indolente que d'ordinaire : elle avait dû avaler un lapereau ou quelque sauvagine, je ne sais. Elle allait, de temps à autre, en guise de délicatesse, s'offrir un œuf dans le poulailler maternel, un poussin ou un caneton, si près de la maison qu'elle l'avait jusqu'à ce jour échappé belle.

Durant une semaine environ, en raison du battage du blé qui se déroulait à quelques pas de son habitat du vieux pailler, je ne revis pas ma compagne. Effrayée par ce remue-ménage, elle avait dû s'exiler vers des lieux plus paisibles, et je craignais de ne plus la revoir. J'explorai en pure perte les alentours : les buissons qui limitent la prairie, la grange où elle prenait ses quartiers d'hiver, les petites jungles d'orties, de menthes sauvages et de gratterons.

Un beau jour, alors qu'assis sur le banc de pierre je lisais un ouvrage de Kipling, j'ai perçu un long frôlement dans l'herbe et senti contre ma jambe nue un contact froid comme la rosée.

Ah, monsieur Martial, je ne saurais exprimer par des mots l'émotion qui me saisit. Mon cœur battait à rompre, je retenais ma respiration et gardai une immobilité de marbre. Pâquerette s'était enroulée autour de ma jambe qui, sous cette étreinte de chair glacée, devenait de pierre. J'ai vu pointer sa fine tête, sa langue explorer l'air. Elle semblait attendre l'offrande d'une friandise, une caresse peut-être. Une caresse... Je n'osai avancer ma main vers elle, la toucher, ce que je n'avais jamais fait auparavant, de crainte, non qu'elle se défendît en mordant, mais qu'elle détendît ses anneaux pour disparaître.

Nos rapports prirent de jour en jour un caractère plus intime, si je puis dire, à base de confiance réciproque. Je renouvelai mes offrandes ; elle les attendait. Je savais que, lorsque j'arriverais à la grange, elle ne serait pas loin. Si elle tardait à se montrer, endormie dans une flaque de soleil, je sifflais et elle ondulait vers moi avec la grâce d'une lanière de vent dans un champ de seigle mûr. Quand je lui parlais comme on fait à un animal domestique, elle dressait sa fine tête, me regardait fixement et semblait boire mes paroles. Parfois elle se glissait sur mes genoux, s'y enroulait comme un gros paquet de cordages, sans cesser de me fixer de son œil rond, à travers un sommeil de chat. Elle aimait ma chaleur ; j'appréciais sa fraîcheur et cette présence silencieuse, malgré l'odeur nauséabonde qu'elle répandait certains jours.

Des amours de Pâquerette, je ne sais rien. La pariade se produit au printemps et elle est, vous le savez, d'une sauvage beauté. Elle devait bien avoir un compagnon de son espèce dans les parages. Toujours est-il qu'au mois d'août, dans le vieux pailler, j'ai découvert le terrier de ma compagne : un gynécée composé d'une vingtaine d'œufs gros comme des grains de raisin. Dieu me pardonne, je les ai détruits : une prolifération de ces reptiles aurait attiré l'attention de ma famille et engendré une campagne d'extermination dont Pâquerette eût été la première victime, étant donné sa taille.

Elle resta plusieurs jours absente, si bien que l'idée s'empara de moi qu'elle avait fui et que je ne la retrouverais pas. Malade de chagrin, émotif comme je l'étais, je regrettai de ne pas lui avoir laissé un œuf ou deux à couver, si je puis dire.

Pâquerette réapparut sur la fin du mois d'août, et nos relations reprirent leur cours normal.

Nous n'éprouvions plus l'un pour l'autre ni répulsion ni crainte. Elle surgissait dès que j'arrivais, jouait à s'enrouler à ma jambe ou à mon bras, mangeait dans ma main... Ne souriez pas, monsieur Martial ! Il en va de même dans les vivariums pour ophidiens. Les gardiens vous le diraient : ils en font une attraction pour les visiteurs. Je n'ai jamais connu une telle intensité émotionnelle avec les chats et les chiens de la ferme et ceux que j'ai eus plus tard. Comme on dit : il ne lui manquait que la parole...

Un jour, en fouillant dans la vieille grange, j'ai découvert la garde-robe de Pâquerette : une longue gaine diaphane accrochée aux fagots auxquels elle s'était frottée pour s'en extraire. Elle devait dater du dernier printemps. J'ai failli la détruire pour ne pas donner l'éveil ; je l'ai conservée ; elle est toujours là, repliée dans son bocal comme dans une urne funéraire.

Un jour de septembre, deux ans après ma rencontre avec Pâquerette, alors que toute la famille était à table, un de mes frères lâcha :

– Ce matin, j'ai repéré une couleuvre, peut-être une vipère, près de la grange de Pascarel. Faudra aller voir...

Mon sang se figea dans mes veines. Ma mère s'écria :

– Je comprends pourquoi mes œufs disparaissent !

Et ma sœur de surenchérir :

– De même pour les poussins et les canetons. Il en manquait ce matin.

– Faut pas chercher plus loin, conclut mon père. On va se débarrasser de cette sale bête, et vite fait !

Mon aîné me prit à témoin : moi qui allais chaque jour ou presque à la grange des Pascarel, j'avais bien dû la voir, cette *sale bête* ? J'affirmai ne l'avoir jamais vue, et que sa présence n'aurait pu m'échapper. Puis, à la surprise générale, je me fis, dans ce procès injuste, l'avocat de Pâquerette. Un ouvrage de la bibliothèque scolaire, que j'avais littéralement dévoré au chapitre des reptiles, me fournit les arguments à décharge. Je fis valoir que la couleuvre fait partie des serpents utiles, qu'elle extermine les rats, les mulots, les souris et de nombreux autres nuisibles. De plus, elle n'est pas dangereuse pour l'homme...

La chaleur de ce plaidoyer surprit toute la famille.

– N'empêche..., dit mon père. Un serpent est un serpent.

– De plus, ajouta la Mémée, c'est une bête à sorcier !

– Je vais aller lui dire deux mots tout à l'heure, conclut mon père.

La cause semblait entendue, mais je décidai de prendre les devants pour tenter de sauver la condamnée. Je me rendis à la vieille grange avant l'heure de nos rendez-vous. Pâquerette tarda à paraître, goba l'œuf que je lui tendis en me disant que cette gâterie constituerait sans doute son dernier repas.

Quand elle eut avalé son œuf, je la soulevai, la chargeai sur mes épaules, ce que je faisais fréquemment, par jeu, et la transportai à une centaine de mètres de là, dans un champ d'orties bordant le ruisseau. Je la déposai délicatement en lisière de son nouveau domaine et la regardai, le cœur triste, se perdre dans cette forêt en miniature.

Tout aurait pu en rester là, et nos liens auraient été rompus à jamais, si mon aîné ne nous avait annoncé qu'il avait revu la couleuvre près de la grange des Pascarel. Il avait tenté de la tuer mais elle lui avait échappé.

– Si j'avais eu le fusil, dit-il, je lui aurais réglé son compte !

– Le fusil..., dit mon père. Tu as raison. C'est comme ça qu'on l'aura, cette garce ! Allons-y tout de suite !

Je décidai de me mêler à l'expédition, dans l'espoir d'éviter à ma compagne ce sacrifice cruel et absurde. Nous partîmes, mon père, mes deux frères et moi, avec des allures d'explorateurs de la brousse africaine. Je me souviens que c'était un jour de grande chaleur. La prairie sèche comme un paillasson retentissait du chant des grillons, des criquets et des stridulations des courtilières. Le chef du groupe nous imposa silence alors que nous approchions de l'habitat de la couleuvre. Il mit deux cartouches dans son fusil de chasse et le garda dans la position de tir immédiat.

Au fur et à mesure que nous approchions, je sentais mes jambes mollir et me monter au visage une sueur glacée.

J'aurais voulu crier, hurler, faire tant de bruit que Pâquerette en eût pris la fuite sans nous attendre, mais la crainte du ridicule et d'une correction me l'interdit.

Pourtant, alors que nous nous trouvions à quelques mètres de la grange, je me mis à taper du pied et à hurler :

– Elle est là-bas ! Je la vois !

En fait, je ne voyais rien, mais je continuai à trépigner et à crier. Mon père me menaça d'une gifle de sa main libre et m'imposa silence.

Comme si elle avait reconnu ma voix, Pâquerette se dégagea du vieux pailler, s'avança vers nous avec une ondulation gracieuse, et soudain, dressant la tête au-dessus des menthes, sembla nous observer avec une intense curiosité avant de rétrograder.

Mon père épaula. Je hurlai :

– Non ! Arrête !

– Mais il est devenu fou, ce môme ! s'écria mon frère aîné en brandissant son bâton.

Le coup de feu me déchira le cœur. Mon père avait visé juste : Pâquerette avait reçu la décharge de plein fouet ; elle sursauta, se mit à trembler de la tête à la queue, tandis que des jets de sang tachaient les joyaux de sa robe. Elle s'enroula sur elle-même, se déroula, tenta de fuir, mais une seconde décharge la cloua au sol, criblée de plomb, inerte. Mon père la souleva avec le canon de son fusil.

– C'est fou, dit-il, ce que ça peut contenir de sang, ces sales bêtes. Il est vrai que celle-ci est d'une taille pas ordinaire. C'est la plus grosse que j'aie jamais vu.

Je ne pus en entendre davantage : je venais de perdre connaissance et on me ramena au logis en me portant.

Je n'ai pas poussé ma passion pour les couleuvres jusqu'à imiter le poète Maurice Rollinat qui, au siècle dernier, en Creuse, avait créé son propre vivarium, mais ce n'est pas que l'envie m'en ait manqué. Vous me comprenez, monsieur Martial, je suis un citadin trop pris par ses activités professionnelles pour satisfaire à cette lubie. J'ai appris à mes enfants à aimer les couleuvres et à les protéger de leur principal prédateur : l'homme.

Le monstre du Gour-Noir

Ce n'est ni par vocation ni par ambition que Xavier Dupuy est entré dans l'administration du métropolitain, peu avant la dernière guerre, alors que le temps était venu pour lui d'aborder la vie active en dehors de la Corrèze.

Sa famille avait, comme on dit, du foin dans ses bottes. Chez les Dupuy, de Coursac en Xaintrie, on avait, depuis des générations, une nature de fourmi et une tradition inébranlable : le sens aigu de l'économie. Depuis la Révolution et même au-delà, amasser était le mot d'ordre ; y faillir, c'était risquer de s'exclure de la tribu. Symbole de cette vertu, la masure des origines avait été maintenue hors d'eau et donc à l'abri de la ruine, dans un fond de prairie, la dernière avant les grands ravins de la Dordogne. Elle avait engendré, comme par un phénomène de bouturage, un bloc-à-terre fort honorable sur une butte voisine, puis une maison de maître aux abords du village.

Xavier, le second fils du patriarche qu'on appelait Paternoster, avait été désigné par tradition pour s'exiler à la ville : la capitale de préférence, comme beaucoup d'autres Dupuy avant lui, en vertu d'un phénomène naturel d'exclusion destiné à protéger le domaine des partages dangereux pour le patrimoine. A Dupuy l'aîné était réservée la mission de veiller sur le bien des dieux lares et d'amasser encore dans la mesure du possible.

Pour le premier des cadets, l'exil fatidique avait comme corollaire l'obligation de gagner sa vie sans attendre le moindre secours de la famille. Par relation politique, Paternoster lui obtint une place de poinçonneur. Rien d'honorable pour une famille connue dans tout le canton pour sa prospérité mais rien d'humiliant non plus car on savait, chez les Dupuy, qu'il faut commencer bas pour finir haut.

C'est ainsi que Xavier trouva à Paris non un fauteuil de bureau mais un escabeau de poinçonneur, station Odéon, avec un uniforme et une belle casquette à galons dorés.

Xavier n'avait pas de gaieté de cœur quitté sa famille, sa maison et son village. Il n'ambitionnait pas de supplanter son aîné dans une éventuelle compétition au siège patriarcal et se serait volontiers satisfait d'une place de suppléant, comme aux élections législatives, plutôt que de l'existence de taupe qu'on lui jetait en pâture, d'autant que le second cadet, qui faisait ses études à Clermont-Ferrand, ne reviendrait jamais à la terre, et que lui, Dupuy en second, pourrait faire besoin. Il se serait contenté d'une parcelle de *douglas*, de quelques bonnes laitières, de dix hectares de prairie et de la masure des ancêtres. Réponse prévisible de Paternoster : le domaine des Dupuy ne se morcelle pas.

Quitter sa Xaintrie fut pour l'exilé le terme d'une longue passion. En son for intérieur, il n'accepta son exil qu'en nourrissant l'espoir de revenir.

Cette contrée avait, il est vrai, de quoi le retenir et l'encourager au retour.

Prolongement de l'Auvergne à l'est et du Limousin à l'ouest, elle a su garder à la fois quelques spécificités et un fort pouvoir de séduction. Elle est de ces pays que l'on dit sauvages et que les offices de tourisme recommandent aux amateurs de solitude et de vie simple. La Xaintrie ne possède qu'une rivière digne de ce nom et qui, d'ailleurs, est presque un fleuve : la Dordogne. Depuis des millénaires elle a creusé dans le granite et le schiste une vallée en forme de fjord dont l'EDF a fait l'échelle de géant des grands barrages, pour l'agrément des amateurs de sports aquatiques et des pêcheurs à la ligne.

La pêche était pour Xavier une passion qui remontait à ses premières années. Il y passait plusieurs heures par semaine le temps qu'il volait aux travaux de l'école puis à ceux de la ferme. Il avait appris à repérer et à garder secrets les endroits riches en poissons, sans cesser de s'interroger, avec la naïveté de la jeunesse, sur les mystères des eaux profondes.

Il tenait d'un cantonnier prolixe en légendes qu'entre Bassignac et Le Chastang, au lieu-dit Le Gour-Noir, sévissait un monstre pluri-séculaire qui s'attaquait aux imprudents lorsqu'ils s'aventuraient le long des berges, dans une solitude propice aux phénomènes étranges. Sa force était telle, disait-il, qu'il pouvait d'un coup de queue, comme Moby Dick, faire chavirer une barque. Moins généreux que la baleine de Jonas, il ne restituait jamais les proies qu'il engloutissait, se contentant d'évacuer à la longue quelques résidus que l'on retrouvait sur les quais des gabares, à Argentat. Il ne dédaignait pas de s'attaquer à des lavandières, à de petits bergers ou vachers imprudents et même, à l'occasion, à ce qu'on disait, aux gardes de la Fédération de pêche.

Esprit volontiers enclin aux spéculations irrationnelles, Xavier avait longtemps rêvé à cette monstrueuse bestiasse aquatique, à cette pharamine qui tenait de la tarasque et du monstre du loch Ness, que l'on ne pouvait voir, disait le cantonnier, qu'une fois : le jour de sa mort.

A la suite de cette révélation, l'esprit de Xavier avait drainé des fantasmes qui, de nuit, viraient au cauchemar. Le jour, il lui arrivait, poussé par un délicieux sentiment de terreur sacrée, de laisser ses bêtes dans la prairie haute sous la garde de son labrit et, la *guillade* en travers des épaules, de pousser jusqu'au Gour-Noir, à quelques minutes, par un de ces sentiers de chèvres qu'on appelle dans le pays des *rapétous*. Il se répétait pour se rassurer que le monstre n'allait pas les avaler, lui et sa guillade.

Il passait de longs moments au milieu du chaos de rochers hantés par les serpents et des arbres dont les racines plongeaient dans l'eau, sondait les mystérieuses profondeurs du gour et se hasardait parfois à lancer sa gaule dans cette eau calme, pure et sombre comme une nuit sans lune. L'endroit était riche en brochets ; il les ramenait triomphalement à sa famille qui les gardait aux frais pour le repas du dimanche. Il se disait que le monstre n'était peut-être que le fruit d'une histoire de pêche devenue légende au fil du temps et des imaginations populaires, mais des pêcheurs ramenaient parfois des brochets gros comme le bras. Ne pouvait-on imaginer que l'un de ces *Esox lucius* ait résisté au temps, que ce Mathusalem des profondeurs ait atteint des dimensions susceptibles d'en faire un redoutable prédateur pour l'homme ?

Pour Xavier, cette histoire était moins affaire d'âge et de taille que de mystère. Je connais ces lieux de haute solitude pour y avoir souvent traîné mes bottes de pêcheur, et je sais qu'à certains moments, à la tombée du jour notamment, ce qui peut dormir de légende dans ces eaux paisibles risque de se réveiller et de vous faire tournebouler. Le jeune vacher se disait bien que les propos du cantonnier appelaient des réserves, mais qu'au-delà de ce qui pouvait passer pour des élucubrations il demeurait des séquelles d'événements inexpliqués, voire inexplicables. Que des pêcheurs se fussent noyés, que des amoureux déçus se soient jetés dans la rivière du haut d'un rocher, ici justement, au Gour-Noir, que des lavandières aient glissé de leur banche, ces accidents ne pouvaient forcément relever du mystère. Xavier, tout en acceptant cette évidence, ne s'en satisfaisait pas. Penché sur l'eau, à l'affût du moindre mouvement insolite, du moindre frémissement lumineux venu des profondeurs, il sentait des hantises lui troubler l'esprit. Il imaginait le monstre tapi dans son palais aquatique tapissé d'herbes géantes, d'ossements humains, de déjections éléphantesques, d'un délire végétal en longues draperies glauques, gluantes de vase. Il pouvait l'imaginer aussi sous la forme d'une sirène, comme celle qu'il avait vue dans l'illustration d'un conte d'Andersen, d'une goule, d'une de ces pieuvres à visage de femme que l'on exhibe dans les fêtes foraines.

Lui arrivait-il de capturer un brochet ? il le déposait délicatement sur un lit d'herbe, observait ses derniers soubresauts, comme si cette pauvre créature pouvait lui apporter un témoignage sur l'empire des eaux profondes. Il l'interrogeait du regard, caressait le museau déprimé, les flancs recouverts de fines écailles, cherchait dans le vide du regard quelque image révélatrice du mystère. Parfois il le relâchait, le regardait tanguer mollement, plonger d'un vif mouvement de sa queue, de ses nageoires dorsales et anales, comme pour lui adresser un salut et un signe de reconnaissance.

Au bout du long couloir de céramique blanche qui aboutissait au quai de la station Odéon, Xavier faisait des rêves de taupe.

Ses congés le ramenaient chaque été dans sa famille. Il ne fallait pas le chercher sur le sentier des cèpes, dans les ruines de Merle ou de Carbonnières, dans un bistrot de Saint-Privat ou de La Roche-Canillac. Il ne faisait pas de longs séjours chez les siens, où Dupuy l'aîné avait remplacé Paternoster sur le trône familial.

Dès le matin il partait avec sa gaule et son panier, s'installait sous le gros chêne dominant le chaos de rochers, d'où il avait éliminé les résidents indésirables : des aspics, des péliades et des couleuvres, qui abondaient dans les parages. Il était là chez lui et personne ne venait le déranger car, pour arriver au Gour-Noir, il fallait effectuer un parcours acrobatique auquel répugnaient les pêcheurs du dimanche et les vacanciers. Sur ce surplomb, à quelques pas de la berge, il avait construit un auvent de branches et de feuilles qui le protégeait du soleil et de la pluie, installé une table prenant assise sur la roche, tapissé le sol d'une paillasse de fougère pour la sieste ou la lecture, aménagé une faille en garde-manger pour sa bouteille et son casse-croûte. Heureux comme le roi en son moulin...

Certaines nuits de lune, il lui arrivait de rester dans son ermitage, à surveiller la surface de l'eau, dans l'espoir insensé de voir surgir, plutôt que le monstre, une sirène ; elle se glisserait avec des ondulations de couleuvre entre les rochers de la berge, accéderait à son lit de fougère, s'allongerait à son côté avec son odeur d'eau morte. Il mûrissait ces fantasmes avec le sentiment d'une communion irréfragable entre lui et son milieu de prédilection.

Quelques années après le début de son exil à Paris, ce qui devait arriver arriva.

Les poinçonneurs archaïques ayant fait place aux passages automatiques, Xavier postula pour accéder à une fonction moins humiliante : celle de conducteur de motrice, qui avait le mérite, aussi dérisoire fût-il, de le faire voyager au royaume des taupes, avec, sur certaines lignes, des échappées sur Paris. On l'évinça : manque de formation et de diplômes, pour lui proposer un poste de contremaître chargé du nettoyage. Ce qui ne le changeait guère de ses précédentes fonctions, comme si sa destinée lui imposait une vie souterraine. Il récusa cette proposition et donna sa démission.

Dupuy l'aîné et toute la famille eurent la surprise de le voir revenir avec son bagage, bien décidé à vivre au pays. Interrogé sur la façon dont il allait s'organiser pour mener une existence honorable, il répondit qu'il se contenterait de peu et ne demanderait rien à personne, ou peu de chose. Il aurait pu exiger sa part d'héritage, comme l'avait fait l'un des cadets, devenu professeur de français à Pleaux, dans le proche Cantal, mais il ne se sentait plus le moindre goût, s'il l'avait jamais eu, pour le travail de la terre et ses astreintes. Que l'aîné lui verse une modeste pension, l'autorise à occuper la maison des ancêtres, et tout serait pour le mieux; pour les grands travaux on pourrait toujours faire appel à lui : il n'était pas manchot et aimait à rendre service.

Marché conclu. Xavier avait trouvé ses assises sans obstacle majeur; il s'y tint, avec un sentiment qui ressemblait au bonheur. Tout ce qui lui avait été refusé durant ses années de taupe était à sa portée. Il rendit confortable, mais sans luxe superfétatoire, la masure ancestrale, sema quelques fleurs devant la façade, planta quelques fruitiers dans le *couderc* et organisa son potager.

Alors que la trentaine approchait et que la solitude commençait à lui peser, l'idée lui vint de prendre femme, bien que la libido ne le harcelât guère : il se contenterait, se disait-il, d'une compagne compréhensive et peu exigeante.

Elle se prénommait Céline. Un chagrin d'amour, consécutif à une aventure malheureuse avec un Parisien en vacances, avait établi autour d'elle une zone de non-sentiment excluant toute perspective d'aventure banale. Cette ancienne serveuse dans un café de Saint-Privat n'avait rien au physique pour inspirer la passion mais était courageuse et robuste. Comme Xavier ne quittait guère son petit domaine et son lieu de pêche, c'est Dupuy l'aîné qui la lui présenta, un jour de battage du seigle où elle aidait les femmes de la ferme pour le repas. Ils se plurent et se marièrent dans l'intimité, à l'église de Coursac.

Les deux premières années de leur mariage, le ménage vécut sans histoire. Xavier commit l'erreur d'acheter à son épouse une Mobylette d'occasion pour lui permettre de faire ses courses et d'aller rendre visite à sa famille, qui demeurait de l'autre côté de la Dordogne, dans les parages de La Roche-Canillac. Il comprit, mais trop tard, que la Mobylette est un instrument diabolique pour une épouse insatisfaite. D'un commerce agréable, ce que Xavier savait en l'épousant, Céline était habitée par des élans de sa nature, qu'il était incapable de satisfaire. Elle s'était mis en tête d'avoir un enfant ; il lui refusa cette satisfaction, non de par sa volonté mais en raison des déficiences dont il souffrait.

Au cours du deuxième été de leur mariage, Xavier trouva que Céline passait trop souvent à son gré la Dordogne, à croire que la présence de sa famille lui était devenue soudain indispensable. Comme il éprouvait pour elle un sentiment profond mais qui se traduisait rarement en actes virils, il s'émut de ces absences répétées, sans oser lui en demander la raison. Il ne s'ouvrit de ses soupçons qu'à Dupuy l'aîné qui fit la sourde oreille, parut embarrassé et préféra laisser à sa femme le soin de révéler au malheureux la vérité : l'inconduite de son épouse. Chassez le naturel...

Céline avait retrouvé son Parisien. Pensionnaire dans une auberge de La Roche, il passait son temps au bord de la piscine, à lire des polars. Il accueillait son ancienne maîtresse dans sa chambre, à l'heure de la sieste, et la renvoyait à ses pénates une ou deux heures plus tard.

Un soir, Céline ne rentra pas. Lorsqu'elle reparut, dans la matinée du lendemain, Xavier lui fit une scène. Rien de dramatique : il en eut été incapable, n'ayant pas lu Racine. Il se contenta de pleurer dans son giron, de lui faire promettre de renoncer à ces absences, ou du moins de le prévenir si elles duraient trop. Céline promit du bout des lèvres, resta quelques jours présente, chantonnant d'un air détaché dans le potager et la petite cuisine.

Un dimanche, elle revêtit son jean et son tee-shirt, chaussa ses baskets, enfourcha sa Mobylette et annonça au pauvre Xavier qu'elle se rendait à la fête d'Auriac pour aider à la buvette, comme elle le faisait tous les ans. D'un ton narquois elle l'invita à aller lui pêcher un brochet ; il trouverait l'oseille sur l'évier pour l'accommoder.

Céline ne revint pas. Ni le soir, ni le lendemain, ni les jours qui suivirent. L'angoisse à ses trousses, Xavier alla s'enquérir à Auriac des raisons de cette absence. Personne n'avait vu Céline, pas plus au bistrot qu'ailleurs. Il passa la Dordogne dans la barque d'un pêcheur, monta jusqu'à La Roche pour s'informer auprès de sa belle-famille : on ignorait où pouvait bien se trouver cette garce, mais on lui conseilla de se rendre à l'auberge. On lui confirma, après qu'il l'eut décrite, que cette fille, pas plus tard que la veille, avait pris avec le vacancier la route de Paris.

Xavier serra les poings, se replia sur lui-même et, de toute son âme, fit bloc autour d'un minuscule foyer de certitude : sa fugue achevée, Céline allait reparaître pour reprendre la vie commune. Il ne lui ferait aucune réprimande, la laisserait se réinstaller comme lorsqu'elle revenait de chez ses parents. Il irait lui pêcher un brochet et le lui préparerait comme elle les aimait.

Une semaine ayant passé sans nouvelles, Xavier se dit que Céline tardait bien à revenir. Quand septembre arriva et qu'il eut compté près d'un mois d'absence, il se dit qu'elle devait être retenue de force par son amant, malade, morte peut-être. Morte ? A cette pensée un frisson le parcourut des pieds à la tête et il resta comme foudroyé. Il demanda à l'auberge l'adresse du Parisien ; on la lui refusa, car il paraissait dangereusement surexcité et proférait des propos confus. Le malheureux tenta de lancer un avis de recherche avec le concours de la gendarmerie de Saint-Privat ; on lui rit au nez en lui disant que, si tous les cocus abandonnés avaient la même réaction, les registres de la maréchaussée seraient bien encombrés.

Xavier espérait que Céline reviendrait passer la Toussaint dans sa famille, comme chaque année ; il l'attendit en vain dans le cimetière de La Roche. Désespéré, il retourna à Coursac en se disant qu'il était temps pour lui de se réveiller et d'affronter la réalité, aussi cruelle fût-elle.

A moins que...

Cet « à moins que » vira dans sa tête jusqu'à Noël. Il décida d'aller passer cette fête dans sa famille, promettant de fournir le brochet pour le déjeuner du lendemain. Il en *savait* plusieurs, et de belle taille, dans les parages du Gour-Noir, à l'abri d'une profonde *couanne* qui enfonçait sa langue d'eau morte dans un fouillis de rocs et d'arbres rongés de pourriture, où nul ne s'aventurait.

Son dernier espoir de voir revenir sa bien-aimée sombra le soir du réveillon de Noël : elle était absente à la messe de minuit et il ne s'attendait pas à ce qu'elle parût. Un vent noir souffla l'ultime étincelle d'espoir qu'il nourrissait encore en lui, secrète mais vive comme le saint sacrement.

Le matin de Noël, Xavier s'éveilla dans l'aube glacée, sa masure échouée sur un continent de givre. En essuyant la vitre d'un revers de main, il se surprit à chantonner un air de Brassens et à dansoter sur place. On peut se dire qu'il n'y avait pas de quoi, que c'était même saugrenu, mais qui peut savoir ?

Il n'eut pas à préparer son attirail, il le trouverait dans son abri : la ligne, la cuillère, toute la panoplie nécessaire à la capture du plus beau brochet de la *couanne*. Après le café et la frotte à l'ail, il partit, l'esprit vide mais avec, dans cette vacuité, de terribles étincelles de lucidité qui remplaçaient les lumières tremblotantes de l'espoir. Il se répétait en avançant, avec ses bottes qui faisaient crisser la glace : « J'en connais qui vont pas rigoler ! » Il eût été en peine de préciser qui, parmi ses connaissances ou sa famille, ferait grise mine : il pensait au monde entier.

Arrivé au Gour-Noir, il déploya sa panoplie, grimpa à travers les roches, dégringola sur la berge de la *couanne* et se mit à l'affût, comme pour la chasse. Il jura tout haut, pensant aux brochets : « Putain, ils ont pas froid, les bougres ! » Il les regarda évoluer dans les fonds de cristal noir, sous le ciel de porcelaine qui, à travers les branches dénudées, laissait filtrer une fragile lumière.

Il lui fallut moins d'une heure pour ramener sur le liséré de glace qui bordait la berge une pièce grosse et longue comme l'avant-bras, qu'il assomma pour abréger son agonie.

Dans sa famille, on lui trouva un comportement singulier. Il allait et venait, les mains dans les poches, collait son front à la fenêtre en répétant : « J'en connais qui vont pas rigoler. » Dupuy l'aîné faillit lui demander s'il attendait Céline, et crever cet abcès d'illusion ; il se garda de le faire, de crainte de susciter chez son frère une réaction incontrôlable. Une première tentative, quelques semaines auparavant, s'était heurtée à une menace : « Si tu me parles encore de cette garce, je te fous mon poing dans la gueule ! »

Xavier veilla lui-même à la préparation et à la cuisson du brochet de Noël. Son apparente bonne humeur surprit la tablée mais y jeta un trouble, car on savait bien que ce comportement n'était qu'un masque et une sorte de défi.

Après le dessert, le café et la gnôle, Xavier enjamba son banc, se frotta le ventre, rota profond et annonça qu'il allait faire la sieste, ajoutant qu'elle *risquait d'être longue*.

A trois heures de l'après-midi, le temps se couvrit brusquement. Il filtra de l'air cru une dentelle de neige qui jouait avec le vent d'Auvergne, celui qui n'amène guère de beau temps. Xavier prit la direction de sa masure, sortit du tiroir du buffet un carnet et un stylo-bille. Assis à sa table, il souffla dans ses doigts pour les réchauffer et se mit à écrire en s'appliquant.

Il fit un peu de rangement, veilla à ce que le linge et les vêtements de Céline fussent bien à leur place dans l'armoire pour le jour où elle reviendrait. Après s'être versé un verre de gnôle, il descendit la prairie menant à la Dordogne à travers un duvet de neige. Réfugié dans son abri du Gour-Noir, assis sur son *banchou*, il attendit. Personne n'aurait pu dire quoi. Lui si.

Avec la fin du jour, l'endroit baignait dans une étrange lumière. La neige ne laissait aucune trace à la surface de l'eau ; elle semblait poursuivre sa chute dans la profondeur légèrement luminescente, comme pour aller réveiller dans le noir de la vase ce qui restait de vie végétale et animale.

Xavier murmurait à voix basse, comme une invite amoureuse : « Viens... allons, viens, Céline... depuis que je t'espère... »

Son cœur bondit lorsqu'il lui sembla voir se dessiner une forme puissante entre deux eaux : un dos écailleux, d'une dimension insolite, des nageoires larges comme des battoirs à linge, une queue épanouie qui fouettait la surface du gour. Un brochet ? Xavier ne se souvenait pas en avoir vu de cette taille. Alors, le monstre ? Il n'avait jamais espéré le voir si proche, à le toucher presque. Et si c'était une sirène, comme dans le conte d'Andersen, elle aurait eu l'apparence de Céline, du moins pour le visage : ses yeux larges et profonds, son sourire de porcelaine un peu gâté dans les commissures, volontiers cruel quand elle tentait sans succès de ranimer la léthargie de son époux, son front étroit et buté, sa chevelure d'ondine...

Il s'approcha de la *couanne* et, allongé sur la berge déclive dont l'extrémité plongeait avec de délicats reflets de bois mort dans la profondeur d'où surgissaient en cierges des jardins d'algues glauques, il murmura : « Allons, Céline, approche... depuis que je t'espère... » Puis, lentement, avec une sourde plainte, il se laissa glisser sur la terre humide et la frange de glace, avant de disparaître. Il avait pris la précaution de s'attacher une lourde pierre au cou.

Xavier avait laissé sur son carnet quelques lignes d'un testament bref et confus, élaboré par un esprit malade et rédigé d'une main engourdie par le froid. Il exposait la raison essentielle de son acte : un banal désespoir de mari trompé. Il laissait à Céline, pour le cas où l'on retrouverait sa trace, un bien misérable et l'essentiel d'une richesse qui n'avait de valeur que pour lui, peut-être, et pour elle une signification : sa collection de têtes de brochets naturalisées.

L'Etoile rouge

Si vous aviez voulu rencontrer Jean-Baptiste Borzeix, il aurait fallu aller le chercher dans un de ces coins du Plateau où personne, pas même le diable, ne met jamais les pieds, car il ne trouverait pas là une âme à tourmenter ou quelque mauvais coup à faire. Des chasseurs du haut pays s'y hasardent parfois, le jour de l'ouverture notamment, mais ne s'y attardent guère car on s'y perd facilement. C'est là que, dans les années trente, une battue est venue à bout du dernier loup de Corrèze. Quant aux chercheurs de champignons, ils y viennent de moins en moins car ils sont accueillis à coups de fusil ou trouvent les pneus de leur voiture à plat au moment de repartir.

Jean-Baptiste Borzeix se plaisait dans cette contrée pour deux raisons essentielles, diverses et adjacentes : il y était né avec le siècle; sa nature et son caractère étaient à l'unisson de ce milieu : mélange de fierté, d'austérité et même, je peux le dire, de sauvagerie, ce qui en faisait un personnage peu fréquentable et peu fréquenté, tout en épines, comme une châtaigne dans sa bogue.

Il ne faisait que de rares apparitions au chef-lieu du canton dont dépend le lieu de ses origines : le hameau, aujourd'hui désert, des Chabrières, et uniquement pour des raisons utilitaires, mais il était brouillé avec presque tous les commerçants qui venaient naguère jusqu'à sa porte avec leur trompette et leur fourgonnette. Le maire figurait en bonne place parmi cette humanité honnie. Chef d'un groupe de maquisards FTP durant l'Occupation, Borzeix avait pris tout naturellement, au figuré, le chemin de Moscou ; dans le même temps et les mêmes circonstances, le maire, Sylvain Boulesteix, commandait un groupe de l'AS et avait été élu, aux premières municipales de l'après-guerre, sous l'étiquette socialiste. Une constance dans leurs convictions réciproques et les différends qui en résultaient avait fini par créer entre eux des liens qui, pour être négatifs, n'en étaient pas moins indissolubles. Il se passait rarement une semaine sans que les éclats de leurs querelles ne vinssent perturber le silence administratif de la mairie.

– Tiens, disait le patron de l'auberge, la guerre des maquis a repris !

– L'armistice, ajoutait le boulanger, aura lieu quand les poules auront des dents !

Ce miracle allait se produire alors que Borzeix allait aborder ses quatre-vingt-dix ans. Il avait encore une santé de fer, mais en apparence seulement, car il couvait des ennuis coronariens qui lui donnaient des idées noires dans la perspective d'une fin prochaine et brutale. Il avait même perdu l'espoir de voir naître l'aube du troisième millénaire sur son horizon familier, et d'assister à l'avènement d'un communisme universel, aussi utopique que la dentition des poules mais auquel il vouait une croyance inébranlable.

Jean-Baptiste Borzeix avait toute sa vie fui les honneurs, tandis que la plupart de ses anciens amis y couraient comme à la soupe. On le disait *fier* et il l'était assurément, mais sans faire étalage de l'autosatisfaction sur laquelle il basait son comportement civique.

En se levant, un matin de l'année passée, il s'était dit qu'il allait basculer dans le clan des nonagénaires, au milieu de l'indifférence générale. Il n'avait plus ni parents, ni amis, ni relations politiques, les rouges ayant mis trop d'eau dans leur vin à son gré. Personne qui puisse lui souhaiter non une longue existence, ce qui lui était assuré, mais un heureux anniversaire.

Ce matin-là, à une quinzaine de la date fatidique, il bougonna dans sa barbe à la Kropotkine, à laquelle, depuis la fin des hostilités, il avait juré de ne pas toucher avant le Grand-Soir et le Lendemain-qui-chante. Il prit un petit déjeuner de condamné à mort, et le vin qu'il but ce jour-là avait une saveur de mort-aux-rats.

– Fidelou ! Il fera rien pour moi, ce saligaud ! Je vais aller lui secouer les puces...

Il pensait au maire, évidemment : la seule personne digne de son intérêt, sinon de sa confiance. Il se fit propre, peigna sa barbe qui lui descendait au nombril et, fait exceptionnel, se passa autour du cou le bar-de-col en Celluloïd qui avait jauni avec le temps, et noua le petit ruban noir qui allait avec.

Pour se donner de l'aplomb il avala un verre de gnôle avant de prendre d'un pas militaire le chemin du bourg : trois kilomètres en pleine chaleur ne lui faisaient pas peur et, pour se préserver du soleil, il avait mis son vieux chapeau des dimanches, un panama hors d'usage mais qui donnerait à cette entrevue la solennité indispensable.

Borzeix trouva le maire dans son bureau, où il se rendait chaque matin depuis sa première élection, celle qui remontait au lendemain de l'armistice. D'un geste du pouce, le visiteur montra à la secrétaire de mairie, Odette, une femme jeune et potelée, la porte du couloir, et, de sa propre autorité, ferma la fenêtre, signe que ça allait barder. Il s'assit sur la chaise réservée aux administrés et, renversant son chapeau sur sa nuque, se mit à bourrer sa pipe.

Devinant que des choses importantes, sinon graves, allaient se produire, le maire s'efforça de conjurer l'orage par des banalités : le temps, le projet de déviation du bourg, la préparation de la fête du 14 Juillet, la qualité du seigle...

– Quand tu auras fini de déblatérer, dit Borzeix, je pourrai peut-être te dire ce qui m'amène.

– Mais..., bredouilla le maire, il ne tient qu'à toi... Je t'écoute.

Borzeix alluma sa pipe, regarda les premières bouffées envelopper le visage de la Marianne de plâtre qui trônait au-dessus de la cheminée, sous le portrait de l'enfant du pays : le président Chirac, puis il égrena un rire monté des tréfonds de sa bedaine.

– Le Chastagnol..., dit-il, ça te rappelle encore quelque chose ?

– Le Chastagnol, tu dis ? Oui, et alors ?

– Juillet 44, aux prunes...

– Tu veux parler de cet accrochage avec la Milice ?

– Tout juste.

– Et pourquoi je l'aurais oublié ? On célèbre l'événement tous les ans, il me semble, et en ton absence je te le rappelle !

– Et moi, Sylvain, je te rappelle qu'on leur a foutu une sacrée tripotée, aux milicos. Trois camions incendiés, quatre morts chez cette racaille, dix des nôtres libérés.

– Nous avions bien préparé cette embuscade, faut dire. Mes amis de l'AS...

– L'AS, mon cul ! Sans mon groupe de FTP, vous y seriez tous restés, toi le premier !

– Je sais, bougonna le maire. Tu m'as sauvé la vie, l'as-tu assez claironné ? Ce que tu as oublié de préciser, c'est que ton groupe était équipé avec nos armes : celles du parachutage qui nous était destiné. Sans elles vous n'auriez eu pour attaquer que vos vieilles pétoires de 14, autant dire des lance-pierres !

Borzeix se leva, le feu au visage, sa pipe tremblant dans sa main.

– Vos armes ! vos armes ! On sait bien que vous étiez les enfants chéris des Anglais, qu'ils vous réservaient la meilleure part et qu'ils nous laissaient nous battre comme au temps de Robin des Bois. Mais si vous aviez les armes, nous avions le courage et l'esprit d'initiative !

Rouge d'indignation, le maire s'essuya le visage avec son mouchoir, se leva à son tour et se mit à arpenter le bureau.

– Ecoute, Jean-Baptiste, dit-il, si tu es venu pour me rappeler tes faits d'armes et pour m'humilier, je te conseille de foutre le camp avant que j'appelle mon appariteur. Qu'est-ce que tu veux, au juste ?

– Qu'on me rende justice, une première et une dernière fois. Justice et honneur.

Son visage éclairé d'un sourire ironique, le maire revint s'asseoir et, mains jointes sur le dossier qu'il était en train d'étudier avant l'arrivée du visiteur, il déclara d'un ton très administratif :

– Justice te sera rendue si tu t'estimes lésé, mais pour les honneurs, je ne vois pas ce que tu veux dire. Tu t'en es toujours moqué. Alors, précise ta pensée et ne me fais pas perdre mon temps.

Le vieux sauvage ralluma sa pipe lentement, fit rouler une grosse fumée à travers ses moustaches.

– Je te parle de l'*honneur*, dit-il, pas des *honneurs*, dont je me fous. Voilà : je vais avoir quatre-vingt-dix ans, et je sais que c'est plus les années qui me sont comptées, mais les mois, et peut-être les jours.

– Pourtant, Jean-Baptiste, tu...

– Laisse-moi continuer, nom de Dieu ! Je sais de quoi je parle. Donc, autant dire que tu vas être sous peu débarrassé du vieil emmerdeur que je suis. J'ai fait un troisième infarctus, et...

– Le docteur, qu'est-ce qu'il en dit ?

– Il en dit rien, pour la bonne raison qu'il sait même pas que j'existe. J'en ai jamais vu, des docteurs, et je m'en suis bien passé jusqu'à présent. Ces morticoles... ils ne te soulagent que pour t'empoisonner. J'ai mes remèdes à moi, et je m'en contente. Si tu veux, je te donnerai une ordonnance pour ton cholestérol. Tu en es farci : ça se voit comme le nez au milieu de la figure !

– Je le soigne très bien, merci ! Si c'est pour me parler de ça que tu es venu me trouver, tu peux repartir dans ta tanière. J'ai du boulot, figure-toi.

– Je vais en finir. Donc, Sylvain, je vais avoir quatre-vingt-dix ans, quelles que soient les apparences. Ce sera dans une quinzaine. En général, un anniversaire comme celui-ci, ça se fête en famille, mais ma famille à moi, elle se compte sur les doigts d'un manchot. Et si j'attendais une prévenance des amis...

Le maire parut embarrassé.

– Tu fais bien de me le rappeler, balbutia-t-il. C'est vrai que ça se fête, d'autant que tu dois être le doyen de la commune, que tu es un enfant du pays, que tu as dirigé le groupe FTP, que tu as siégé dix ans au conseil, où tu foutais le bordel à la moindre occasion. Ça, c'est ce que tu appelles, je pense, la justice ?

– Ça, Sylvain, ce sont de belles paroles. Je souhaite un acte de reconnaissance.

– Bien... Je vais y penser. Un hommage public te sera rendu à la prochaine séance du conseil. Je te proposerais bien pour le Mérite agricole, mais je sais que tu as refusé toutes les distinctions, même celles de la Résistance. On organisera un vin d'honneur, on invitera le préfet, le sous-préfet, le conseiller général. Pas notre président, bien sûr, mais Bernadette, ça se pourrait, à condition qu'elle soit disponible. Il y aura la presse, évidemment, et...

– ... et on m'offrira des fleurs ! Eh bien, Sylvain, tes fleurs, tu peux te les mettre au cul ou les offrir à ta charmante secrétaire, pour son anniversaire. Tout le monde sait que tu es au mieux avec elle...

Le maire se dressa d'un bond, ses bajoues frémissantes d'indignation. Il s'écria :

– Je te permets pas ce genre d'insinuations mensongères, Borzeix ! Tu vas foutre le camp, ou alors...

Borzeix fit grincer son rire de ventre et minauda en imitant son interlocuteur :

– ... ou alors, j'appelle mon appariteur !

Il reprit son sérieux pour ajouter :

– Les honneurs, c'est pas que tes jean-foutre du conseil m'offrent des fleurs ou que Bernadette me fasse la bise. C'est beaucoup plus simple que ça.

– Alors, nom de Dieu, cesse de tourner autour du pot et dis ce que tu attends de moi !

Borzeix répondit, le plus sérieusement du monde :

– Un feu d'artifice.

– Tu veux répéter ?

– J'ai dit un feu d'artifice, comme celui que tu fais tirer sur le stade pour le 14 Juillet, mais en mieux si possible.

– Tu te fous de moi, ma parole. Tu sais combien ça coûte, un feu d'artifice ? Des cent et des mille, en nouveaux francs...

– Grand couillon, celui-là te coûtera rien. J'ai fait mon testament. La commune héritera de tout mon bien, enfin des trois quarts, le reste étant pour le Parti, comme de juste, bien qu'il me chie dans les bottes.

– Les trois quarts de pas grand-chose..., murmura le maire.

– J'ai mal entendu.

– Bon, tu l'auras, ton feu d'artifice, mais avoue que c'est une drôle d'idée. Ce sera tout ?

– Pas tout à fait. Je veux, primo, qu'il soit tiré sur ma pièce d'eau, mon *gode*, comme on dit chez nous. Ça fera double effet pour le même prix. Secundo, je tiens à ce que, à part toi, l'artificier, ta femme et ta secrétaire, il n'y ait aucun spectateur.

– Tu plaisantes ? Aucun spectateur pour un feu d'artifice de ce prix ? Ce serait du gâchis !

– Rassure-toi : ce sera rien de comparable avec les concerts de Johnny Hallyday que j'ai vus à la télé. Tertio, tu feras préparer par ton Odette une sorte de vin d'honneur, avec des chandelles. Je tiens aux chandelles.

– Tu voudrais pas non plus que je convoque la fanfare de Meymac et la chorale du curé ?

– La fanfare ? Tu me donnes une idée. Va pour la fanfare, ça mettra un peu d'ambiance. Quant à la chorale paroissiale, on s'en passera.

– A propos du vin d'honneur, puisque c'est toi qui régales, tu as une idée ? Je pense qu'un cocktail, avec des produits de la région...

– Un cocktail... Moi, j'ai jamais connu que les cocktails Molotov. Dis plutôt à Odette de prévoir du mousseux, de la blanquette de Limoux, tiens ! que mon père appelait le « champagne du pauvre ». Avec quelques tourtous, des boudins et du pain de seigle, ça devrait suffire pour une dizaine de personnes, en comptant la fanfare.

– Et tu la veux pour quand, ta cérémonie ?

– Pour la Saint-Jean-Baptiste : c'est à la fois ma fête et mon anniversaire.

– Mais c'est dans quinze jours ! On n'aura jamais le temps, et Odette doit partir en vacances ce jour-là.

– Eh bien, elle attendra ! Démerdez-vous...

Le temps de ce jour : une bénédiction.

Lorsque Jean-Baptiste Borzeix poussa ses volets, il eut un soupir de satisfaction : la lumière d'été ruisselait de partout, suite à la petite averse orageuse qui avait répandu des perles scintillantes sur ses hêtraies, qu'il était parvenu à préserver de la rapacité de certains exploitants forestiers qui voulaient les convertir en douglas et en épicéas, cette gale qui donne au plateau de Millevaches des allures de ballons d'Alsace.

Il se fit une frotte à l'ail tartinée de lard frais, but un grand bol de café noir et bourra sa première pipe. La grande toilette de cérémonie viendrait plus tard.

L'artificier d'Ussel arriva dans la matinée, à bord de sa camionnette. Borzeix le guida jusqu'au *gode* et l'aida à décharger ses cartons. Il aurait aimé qu'on installât les pièces au milieu du bassin mais l'artificier protesta : une telle installation eût demandé des jours et aurait coûté beaucoup plus cher. Il proposa un coin de la berge, derrière la roselière, sur une grave où jadis les femmes venaient laver leur linge.

Borzeix laissa l'artificier à son installation et retourna dans sa demeure pour attendre Odette et tout le saint-frusquin qu'elle allait amener dans son 4 × 4. Elle arriva, toute fringante, malgré les aléas qui contrariaient son départ en vacances. Borzeix lui prêta main-forte pour décharger la longue table, les tréteaux et les subsistances au bord de l'étang. Alors qu'il avait pris à bras-le-corps un carton de bouteilles, il eut une faiblesse, lâcha le colis et s'effondra sans connaissance, le visage inondé d'une sueur froide. Quelques claques à travers sa barbe et le contact d'un mouchoir mouillé le réveillèrent, avec, au-dessus de lui, une voix suave qui lui disait :

– Eh bien, monsieur Borzeix, ce n'est pas le moment de flancher !

– C'est rien, dit-il. Ça m'arrive de temps en temps. Une douleur au bras gauche, et hop ! je m'absente quelques minutes, et je reviens, plus gaillard que jamais.

– Bon. Je vous aide à vous relever, mais vous allez me laisser faire. J'ai l'habitude.

En moins d'une heure, la table est dressée sous une gloriette de bouleaux, devant le banc de pierre sur lequel le vieux solitaire vient s'asseoir à la vesprée pour regarder, en fumant sa pipe, le soleil prendre ses quartiers derrière le Puy-Rouge. On installera les chandelles, la cochonnaille, les tourtous aux rillettes et les bouteilles plus tard, à la fraîche, juste avant la cérémonie.

– Et maintenant, dit Odette, vous allez rester bien tranquille en attendant l'arrivée du maire et des autorités.

Borzeix ne put réprimer un hoquet de stupeur.

– Les autorités ? Qu'est-ce que tu veux dire ?

– Monsieur le maire a convoqué une délégation du conseil. Elle sera composée uniquement des conseillers de votre bord.

– Il n'y a plus personne de mon bord au conseil, ma pauvre Odette. Ce ne sont plus des révolutionnaires mais des moutons. Quand tu les entendras chanter l'*Internationale* et lever le poing, tu me feras signe ! Des révolutionnaires en peau de lapin, oui... Enfin, qu'ils viennent, puisque le maire les a invités.

Odette se proposa de le soutenir jusqu'à sa demeure située à une centaine de mètres ; il l'écarta sans brusquerie mais l'invita à prendre un verre de liqueur de myrtilles de sa façon. Il marmonna dans sa barbe, timidement :

– Si tu veux, petite, on peut déjeuner ensemble, avec l'artificier. Tu pourras même rester pour la sieste qu'on pourra faire dans la juque, au milieu du foin, comme on faisait dans le temps.

– Oh ! monsieur Borzeix, à votre âge...

– Il n'y a pas d'âge pour les braves, et je me sens plein de bravoure, malgré ma petite faiblesse. Tu sais le sentiment que j'ai pour toi. Il n'a pas changé avec le temps.

– Je ne le sais que trop, monsieur Borzeix. Il faut voir comment vous me regardez, quand vous venez au bourg. Vous n'êtes pas sérieux...

C'est l'artificier qui alla faire la sieste dans la juque, seul, sur ce qui restait de foin de la dernière fenaison remontant à dix étés. En dehors de sa partie : fusées et pétards, ce brave garçon ne semblait pas avoir inventé la poudre. Il se réveilla sur les quatre heures, fit honneur au mérindé qu'on lui proposait : du pain et des rillettes, et se remit au travail, ne s'interrompant que pour fumer une cigarette en regardant des escadres de canards croiser sur le *gode*.

Les *autorités*, comme disait Odette, arrivèrent, balin-balan, après dîner, en voiture, le maire en tête, accompagné de son épouse qui s'était apprêtée comme pour le bal de la Chasse, précédant les conseillers, au nombre de quatre, qui s'avancèrent, les mains dans les poches, en se demandant ce qu'ils étaient venus foutre aux Chabrières où la plupart, hormis les chasseurs, ne mettaient jamais les pieds. Rouges bon teint à l'origine, ils avaient, au cours des années, pris de la patine ; ils se disaient toujours communistes, mais avec une sympathie qui confinait à l'amitié pour le président Chirac ; ils l'appelaient *le Jacques*, le tutoyaient et l'embrassaient quand il leur décernait le Mérite agricole ou une plaque au comice. Borzeix fit mine d'ignorer une présence qui ne relevait pas de sa volonté ; il s'amusait de les voir, en groupe comme pour une photo de famille, cigarette au bec, les yeux ronds sous leur casquette du dimanche, aussi mal à l'aise que devant une caméra de télévision.

L'un d'eux, l'adjoint Sauviat, qui passait pour le plus ardent opposant à la fraction socialiste du maire, se détacha du groupe, ôta sa casquette qu'il tint sur son ventre, comme un manant devant son seigneur, et bredouilla :

– Jean-Baptiste, je sais que tu ne nous aimes guère, mais tu vois, nous avons été unanimes à répondre présents quand le maire nous a prévenus de cette fête. Il s'agit de quoi, au juste ?

Borzeix eut un rire grinçant avant de répondre :

– D'un spectacle pour saluer la fin du monde, Sauviat ! Du moins pour ce qui me concerne. Tu vois ce petit monsieur en salopette qui s'agite en parlant au maire ? On le dirait pas, mais c'est le Bon Dieu en personne. Il va nous donner un avant-goût de l'apocalypse en appuyant sur des boutons, un peu comme à Hiroshima, sauf que ça fera pas de victimes, à part moi, et qu'on en parlera moins dans les médias.

– Ce que j'aime chez toi, ajouta Sauviat, c'est que tu prends la vie du bon côté. Ta réputation d'original se confirme.

– C'est vrai que je prends la vie du bon côté. La mort aussi, d'ailleurs.

Le maire avait fait monter aux Chabrières, par son appariteur, dans la camionnette municipale servant aux repas à domicile, autant de chaises pliantes que pour un congrès d'anciens combattants d'Algérie. Cette précaution superflue suscita une nouvelle colère chez le héros du jour.

– Tes chaises, Sylvain, tu peux les remballer ! On n'est pas à l'Olympia ou au cirque Bouglione. Je t'avais dit que cette cérémonie se ferait dans l'intimité ! Au fait, qu'est-ce qu'il te voulait, ce jean-foutre d'artificier ?

– Peu de chose : une contestation quant à l'assurance, au cas où il foutrait le feu à la lande, qui est bien sèche. Il aurait voulu que je fasse venir les pompiers de Bugeat !

J'ai envoyé mon appariteur chercher des seaux. L'eau de ton *gode* devrait suffire.

Le soleil disparut derrière le puy du Monteil, dans une apothéose de soufre et de phosphore qui semblait préluder au spectacle. L'artificier lança, avec les mines d'un monsieur Loyal dans un cirque :

– Encore une petite demi-heure, mesdames et messieurs ! Nous allons commencer par la musique, ainsi que monsieur le maire nous en fait la demande. Elle sera interprétée par la fanfare de Meymac, qui vient d'arriver. Ambiance !

Il désigna le groupe de musiciens qui venait de débarquer de la fourgonnette du boucher. Hoquet de surprise de Borzeix qui lança au maire :

– Dis donc, Sylvain, tu te fous de moi ? C'est ça, ta fanfare : deux pelés et un tondu...

– Te fâche pas, Jean-Baptiste ! C'est les vacances, tu comprends ? Le chef a pris ce qu'il a trouvé.

– C'est qui, le chef ?

– Le grand dépendeur d'andouilles, avec la casquette à galons dorés et la veste bleue, en train de discuter avec l'artificier.

– Attends un peu ! Je vais lui dire deux mots...

Borzeix se rua sur lui comme un pitbull excité, interrompit l'entretien en le prenant par le coude.

– Vous êtes le chef de la fanfare, à ce qu'on dit ?

– Chabrillanges, pour vous servir, monsieur Borzeix.

– Dites... où est-elle, votre fanfare ?

– Vous l'avez devant vous.

Borzeix fit mine de parcourir du regard le petit groupe des musiciens en chemise blanche à cravate, pantalons noirs et casquette sans galon : une grosse caisse tenue par une obèse à lunettes, une trompette, une clarinette que portait sur ses bras un gamin qui louchait, des cymbales...

– J'aurais aimé, ajouta le vieux, une véritable fanfare, comme celle qui défile aux flambeaux la veille du 14 Juillet, pas un quatuor. Alors vous allez plier bagage et foutre le camp !

– Mais, monsieur Borzeix, ce sont les vacances, et vous avez là nos meilleurs éléments.

– J'ai dit : exécution ! C'est moi qui règle la facture, Chabrillanges. On vous paiera vos frais.

Ulcéré, le chef en appela au maire qui trancha dare-dare :

– Jean-Baptiste, tu ne peux pas me faire ça ! La fanfare municipale de Meymac est la meilleure de l'arrondissement. Son président d'honneur est le maire, un ami intime de Jacques. Ça risquerait de me brouiller avec lui. Sa fanfare, c'est autant dire sa famille...

– Je m'en fous ! Tu m'as proposé une fanfare, je veux être servi.

– Chabrillanges va leur faire jouer trois morceaux et ils décamperont.

Borzeix prit un moment de réflexion avant de consentir.

– D'accord, fit-il, mais à une condition : qu'ils débutent avec l'*Internationale*. Il faudra que tout le monde se tienne au garde-à-vous, tête nue. Compris ?

Contrairement à ce qu'avait craint le maire, le chef accepta sans difficulté car il y avait des précédents avec les fêtes du Parti : c'était un esprit œcuménique.

Odette prit le vieux par le bras, le guida jusqu'à une butte éloignée de quelques dizaines de mètres du *gode*, entre des bouquets de genêts qui commençaient à perdre leurs fleurs dans le giron de l'été. Ils s'assirent dans l'herbe rase.

– Regarde..., dit-elle. Les feux de la Saint-Jean. On en allume partout. A droite, c'est aux Crozes, plus loin, à gauche, aux Rivières. Là-haut, au loin, c'est au puy des Fourches. Partout, comme au temps des Gaulois...

– C'est beau..., murmura-t-il d'une voix brisée, ému, de plus, qu'elle le tutoyât pour la première fois.

Il lui prit la taille, bredouilla dans son cou :

– Odette, si tu avais voulu, tu aurais pu changer ta vie et la mienne. Surtout, ne me parle pas de la différence d'âge ! Je suis vert comme un pommier de trois ans. Quand je pense à ce gâchis... Toi et ce gros saligaud de maire. J'arrive pas à vous imaginer en train de faire l'amour.

Il l'embrassa dans le cou. Elle protesta doucement :

– Arrête ! Ta barbe me gratte...

– Si tu avais voulu de moi, je l'aurais coupée, ma barbe ! Dessous, c'est encore plein de jeunesse. Tu permets que je te caresse un peu, dis ?

– On risque de nous voir.

– Mais non, bestiassoune ! Il fait presque nuit et les autres sont trop occupés. Je vais pas te violer, va !

Il promena ses grosses mains sous le tee-shirt, pétrit les seins menus et libres. Elle le laissait faire en gémissant. Il hasarda une caresse plus pénétrante sous le ventre, fit jouer ses doigts dans la touffe, glissa un index plus profond, dans le secret et l'humide. Il haletait d'un souffle rauque, au bord d'un délire verbal qu'elle interrompit d'un geste.

– Odette, dit-il, il n'est pas trop tard. Si tu voulais... Tu viendrais me voir une fois par semaine, comme si tu allais aux champignons ou aux myrtilles. Tu serais mon dernier bonheur, et tu sais que j'en ai pas eu beaucoup, de bonheur, dans ma chienne de vie.

– Non ! fit-elle sèchement. Tu sais bien que c'est pas possible. Jamais !

Elle retira la main du vieux de sous sa jupe et l'entraîna vers la cérémonie où il la suivit d'une allure d'automate. Ce *jamais* lui sonnait sous le crâne comme un gong. Il montra le bas du puy, loin derrière le *gode*, où un groupe de visiteurs jouaient de la lampe électrique.

Il s'écria :

– C'est qui, ceux-là ?

– Ben..., balbutia-t-elle, des gens... des spectateurs...

– Des spectateurs ! Je constate que toi et le maire vous n'avez pas pu tenir votre langue. Je vais leur dire de foutre le camp !

– Non, dit-elle.

– Bon..., dit-il.

Une *Internationale* tonitruante éclata dans la première vague de la nuit, incongrue en ces lieux de vastes solitudes. Respectant la consigne donnée par le maire, chacun l'écouta au garde-à-vous et tête nue.

– Et maintenant, lança le chef Chabrillanges, *La Paimpolaise* !

La musique écorchée traîna dans l'air qui commençait à fraîchir de vagues relents folkloriques. La fanfare enchaîna avec *Sambre et Meuse* puis, petit ajout au programme, *Nuit de Chine* qu'Odette chantonna à lèvres closes. L'ombre se peupla d'images de magie lointaine. Le suprême accord éclata dans un couac magistral de la clarinette. Assis à son tableau de bord, l'artificier poursuivait son rôle de monsieur Loyal.

– Et maintenant, mesdames et messieurs, place à la fantasmagorie céleste ! Comme l'écrivait Oscar Wilde : « Nous sommes tous dans le ruisseau, mais certains d'entre nous regardent les étoiles. »

D'un bref salut de la tête, il répondit aux applaudissements et ajouta :

– Nous allons faire l'ouverture avec deux bombes *Tonnerre, éclair* qui vont réveiller les canards sauvages de tout le département !

Les deux bombes suscitèrent des échos multiples du Puy-Rouge au puy du Monteil, éclaboussant d'une lumière d'orage les premières pentes. L'artificier annonça ensuite le *Soul*, une envolée magique de comètes bleu saphir qui, dans un concert d'acclamations, partaient dans tous les sens. Ce n'était rien à côté du *Folk Song* qui libéra des nuées de bombes vertes et crépitantes. On entendit pleurer un enfant, un chien aboyer, un homme qui lançait :

– Putain, que c'est chouette !

L'artificier laissa planer les dernières flammèches incandescentes, avant d'ajouter :

– Et maintenant, place au *Yéyé* !

Une série de volcans au magnésium illumina le ciel noir et profond, effaçant les étoiles, barbouillant les alentours d'un coulis de groseille et d'abricot. Le *Reggae* qui faisait suite déçut quelque peu, avec ses maigres gerbes de paillettes multicolores. En revanche, la pyrotechnie parut atteindre son apogée avec les *Blues* qui déployèrent majestueusement des comètes dorées dans un concert de crépitements frénétiques.

– Alors, Jean-Baptiste, dit Odette, content du spectacle ?

– Content de le partager avec toi, petite. Si tu n'étais pas là, ça ne serait qu'un feu d'artifice comme ceux que je vois de loin, assis sur ma terrasse. Faut dire que ton maire a mis le paquet. Il est vrai que ça lui coûte pas grand-chose, à ce vieux grigou !

Ils se tenaient assis dans l'herbe, au-dessus du *gode* brasillant de reflets lumineux. Il lui avait pris la main ; elle ne l'avait pas retirée. De temps en temps elle sentait contre sa joue la barbe flottante du vieil homme, qui sentait le tabac, et elle songeait au poème de Victor Hugo : *Booz endormi*. Elle murmura :

Pendant qu'il sommeillait, Ruth, une Moabite
S'était couchée aux pieds de Booz, le sein nu,
Espérant on ne sait quel rayon inconnu
Quand viendrait du réveil la lumière subite...

– Qu'est-ce que tu as ? dit-il. Tu pleures ?

– C'est rien, dit-elle en reniflant. Un poème qui me revient, du temps du collège. Tu le connais peut-être. C'est...

Les bombettes *Kamuro* couvrirent sa voix, puis le *Boogie boogie* qui dispersa dans l'immensité nocturne ses filaments d'or et d'argent en chandelles fracassantes et en confetti lumineux.

En manière d'intermède, l'artificier fit éclater quelques bombes, bombettes et bombinettes qui préludaient au bouquet final, avec la même connotation musicale. Un délire de cris, d'applaudissements, de vivats, accueillit l'embrasement du ciel. On vit s'épanouir un palmier géant, duquel se détachèrent des constellations d'étoiles traversées par des gerbes de fusées portant des pistils de feu.

Odette dit au vieil homme, en lui pressant la main :

– Eh bien, Jean-Baptiste, tu ne dis plus rien ? Ça ne va pas ?

Elle le vit sortir de sa poche, de sa main libre, une petite boîte : sans doute, pensa-t-elle, son remède pour le cœur.

– C'était très beau, murmura-t-il, mieux que je ne pensais. Une pure merveille...

Il parut s'endormir. Odette lui secoua l'épaule lorsque monsieur Loyal annonça :

– En l'honneur de celui que nous fêtons ce soir, nous allons, pour terminer, mettre à feu une pièce de conception récente : *l'Etoile rouge.*

Il quitta son tableau de bord, s'approcha de la berge avec une lenteur cérémonieuse et mit le feu à cette pièce *spéciale*. La fusée s'éleva en sifflant dans le ciel, au milieu d'un résidu volant de papier brûlé, éclata en fleur d'angélique, libérant une boule incandescente du plus beau rouge luminescent, qui descendit avec un balancement de lanterne portée à bout de bras.

Odette sentit la main du vieil homme se crisper contre la sienne, à lui faire mal. Elle l'attira contre son épaule, caressa sa barbe de patriarche mouillée de quelques larmes.

– Jean-Baptiste, dit-elle, c'est toi qui pleures, à présent ? Faut-il que tu sois ému... Tâche de te montrer moins triste pour la suite. Nous allons faire honneur à notre buffet aux chandelles...

La suite, c'était donc le vin d'honneur qu'elle avait préparé avec soin et qui comportait tout ce qu'il avait demandé. De son propre chef, le maire avait ajouté quelques bouteilles de bordeaux dressées en quinconce sur la nappe de papier.

– Mes amis, lança Sylvain Boulesteix, approchez de la sainte table ! Nous allons boire à la santé du doyen de notre commune, *monsieur* Jean-Baptiste Borzeix. Cette cérémonie est destinée à célébrer à la fois sa fête et les quatre-vingt-dix ans de son anniversaire. Je n'oserai pas lui souhaiter longue vie, mais notre désir le plus sincère est que, dans dix ans, nous nous retrouvions pour célébrer le premier centenaire de la commune.

– Vieil hypocrite ! bougonna Borzeix, chacun sait que tu préférerais me voir crever là, tout de suite !

Le maire fit le sourd, se contentant de sourire et de hausser les épaules. Il poursuivit, alors que l'appariteur allumait les chandelles et les flambeaux apportés par l'artificier, et qu'Odette faisait sauter les premiers bouchons :

– Approchez, mes amis, et même vous, là-bas, au fond ! Il y en aura pour tout le monde. Venez serrer la main de ce citoyen accompli, fidèle jusqu'à la mort à ses convictions, libérateur de notre région, et...

– Tu vas fermer ta gueule ! lui lança Borzeix d'une voix sourde. Garde ces compliments pour toi, faux jeton ! Tu en diras bien assez le jour de mon enterrement, même si je l'interdis par testament.

Le maire, cette fois, prit la mouche :

– Tu pourrais au moins me remercier, ingrat que tu es ! On a fait les choses en grand tout en respectant tes volontés. C'est bien ce que tu voulais, non ?

– Oui, c'est bien ce que je voulais, moi qui n'ai jamais rien demandé à personne. Alors, merci pour le feu d'artifice et *l'Etoile rouge* qui m'a rappelé des souvenirs. Maintenant, je te dis adieu, Sylvain. Tu continueras sans moi.

Il se tourna vers Odette, lui demanda de le suivre jusqu'à la voiture. Il ne se sentait pas bien. Il trébucha en montant dans le 4 × 4, se rattrapa à l'épaule d'Odette qui l'aida à s'installer sur le siège du passager.

– Ton cachet pour le cœur, dit-elle en s'asseyant près de lui. Prends-le maintenant. Après, fais-moi plaisir, viens prendre une coupe de mousseux avec nos invités.

– Vos invités, dit le vieux, je les emmerde autant qu'ils me méprisent. La seule personne avec laquelle je souhaite finir mes jours, c'est toi. Imagine que nous partions dans cette voiture, là, tout de suite, par exemple pour la Chine, comme de simples touristes. J'y ai souvent pensé, mais toi, tu n'en as que pour Sylvain !

– Sylvain, dit-elle d'un ton acerbe, si tu savais comme je m'en fous ! Ce gros porc... Si je reste avec lui, c'est rapport à mon emploi. J'en ai besoin, tu comprends ?

Elle ajouta :

– Tais-toi, à présent, et prends ton cachet.

Il ouvrit le boîtier, avala une pilule avec une gorgée d'eau que lui présenta Odette. Puis, aussitôt, il se mit à gémir d'une drôle de voix, à trembler de tous ses membres, laissa sa tête s'incliner sur l'épaule d'Odette et s'affaissa sur lui-même.

– Mon Dieu ! s'écria-t-elle, il me fait une crise.

Elle le fit étendre sur la banquette, ouvrit le col de sa chemise, fit claquer sa main sur ses joues et appela le maire.

– Je crois, dit-elle, qu'il vient de faire un autre infarctus, le deuxième de la soirée. Cette fois-ci, ça semble sérieux.

– C'est plus que sérieux, dit le maire. Il est mort. Il ne t'a rien dit, avant de passer ?

– Si, dit-elle, il m'a parlé de la Chine où il aurait voulu aller. Il venait pourtant de prendre une pilule. Il a encore le boîtier dans sa main.

Le maire saisit l'objet, sursauta, s'écria :

– Nom de Dieu ! je reconnais ce boîtier. Ce n'est pas une pilule pour le cœur qu'il a pris mais une capsule de cyanure.

– Du cyanure ? Comment se l'est-il procuré ? Il ne sortait jamais de chez lui, et sûrement pas pour aller chez le pharmacien !

– Lors de leurs missions contre la Gestapo ou la Milice, certains résistants emportaient avec eux un de ces cachets pour le cas où ils seraient pris, et pour éviter la tentation de sauver leur peau en vendant leurs camarades au moment des interrogatoires, sous la torture. J'en connais qui s'en sont servis. J'en ai un chez moi, que j'ai obtenu peu avant les derniers combats, et que je garde comme souvenir. Par chance, je n'ai pas eu à m'en servir. Celui que vient de prendre Jean-Baptiste, je sais d'où il vient : c'est moi qui le lui ai procuré..

La nuit du Drac

Me croirez-vous, monsieur Martial, si je vous dis que j'ai vu *lou Dra*, le Drac, si vous préférez. Oui, comme je vous vois. Vous ne paraissez pas me croire. Pourtant je l'ai eu à côté de moi, dans mon lit, à la lune vieille. Même qu'il m'a parlé, mais je n'ai vu de lui que de drôles d'yeux, un peu comme des vers luisants, mais larges comme le fourneau de ma pipe. Des vers géants. Rien d'autre. A croire que j'étais en présence d'un fantôme qui promènerait ses yeux comme des lanternes japonaises, dans la nuit et dans ma maison.

Il y a combien de temps ? Laissez-moi réfléchir en rallumant ma pipe. Disons... deux ans et demi, trois ans tout au plus. C'était à l'orée de l'hiver, ça j'en suis sûr. L'étang commençait à dégager ses mauvaises brumes, celles qui sentent la vasière et le cimetière. A quelle heure ? Là, vous m'en demandez trop ! Pris de frayeur que j'étais, je n'ai pas eu le réflexe de regarder mon réveil. Tout ce que je peux dire, c'est que ça se passait au milieu de la nuit. Je dormais dans la soupente et Léonie dans notre vieux lit-cage, à cause des rhumatismes qui font qu'elle bouge sans arrêt et qu'elle se plaint. Moi, ça m'empêche de dormir, et dormir me fait besoin. Le travail de garde-pêche, sans vouloir vous vexer, c'est pas comme un petit plaçou de fonctionnaire des Postes ou de maître d'école...

Je demandai au Drac ce qu'il me voulait et ce qu'il foutait dans ma chambre. Il me dit qu'il avait soif et que j'aille lui chercher une jatte de lait. Du lait... Vous auriez pensé, vous, que ces créatures du diable absorbent des nourritures de chrétiens ? Je me rebiffe ! En pleine nuit, traverser la cuisine, puiser du lait dans le bidon du laitier, au risque de réveiller ma Léonie, il n'en était pas question.

Donc, je refuse et envoie paître la bestiole. Le Drac repart avec un rire grinçant, comme celui d'une clé qui tourne dans une serrure rouillée, et me lance une menace :

– Baptiste, tu ne tarderas pas à te repentir de ton manque de générosité. Tu vas souffrir, c'est moi qui te le dis, foi de Drac !

Vous me demandez comment était sa voix, à quoi elle ressemblait ? Pas facile de répondre... Je dirais : comme le puisatier, quand il m'appelle du fond de son trou pour me demander de lui faire passer un outil ou une fougasse. Vous avez trouvé le mot, monsieur Martial : une voix d'outre-tombe !

Non, non, je vous l'affirme de nouveau : je n'ai pas rêvé. Croix de bois, croix de fer ! C'est bien le Drac qui est venu me rendre visite, dans ma maison, dans ma soupente, dans mon lit ! Même qu'il a laissé en partant une drôle d'odeur, à croire qu'il s'était roulé dans le fumier ou qu'il logeait dans un trou de la vasière. Il a oublié des brins d'herbe pourrie sur le drap, une sorte de joncaille ou je ne sais quoi, mais qui puait.

Il n'avait pas menti, le bougre ! Dans les semaines qui ont suivi sa visite, j'en ai vu de toutes les couleurs, au point que j'ai failli tourner en bourrique. Pourquoi moi ? Au diable si je le sais ! Pourtant... j'ai ma petite idée sur la question.

A ce qu'on dit (parce que je me suis renseigné, figurez-vous), le Drac est une créature des marais, et, des marais, il y en a chez nous plus que de bonnes prairies. C'est ce que m'a raconté le Jules de Chez-le-Turc, qui est un peu sorcier, comme vous savez, qui a des connaissances et qui croit dur comme fer à toutes ces histoires de l'ancien temps. Il m'a dit :

– Baptiste, le tort que tu as, c'est de passer trop souvent, la nuit, par l'étang des Bordes. Il contient autant de maléfices que de grenouilles. On fait dans les parages de mauvaises rencontres, et je te parle pas des détrousseurs et des mauvais plaisants qui veulent te faire peur. On y rencontre le Drac comme on attrape une méchante fièvre. Tu n'es pas le premier à qui c'est arrivé, et tu seras pas le dernier.

Il a ajouté, mais là, je me demande s'il ne plaisantait pas :

– Si tu te trouves encore en présence de ce lutin, tu lui colles un PV. Le motif, tu le trouveras bien. Tu as l'habitude...

Ça ne m'explique pas pourquoi ce petit monstre s'en est pris à moi, parce que, tout de même, il en passe du monde par l'étang des Bordes ! Vous me connaissez depuis l'enfance, monsieur Martial. Vous savez que je suis un homme respectable et, je peux le dire, respecté. Un garde irréprochable dans ses fonctions, ni trop souple, ni trop sévère. Certes, il m'arrive de boire un verre de trop et de bousculer cette pauvre Léonie mais, à part ça, dans le boulot, recta ! Personne ne s'est jamais plaint de moi, même ceux que j'ai épinglés porteurs de truites ou d'écrevisses qui n'avaient pas la taille, ou qui pêchaient en temps prohibé.

Vous avez raison : revenons-en à notre diablotin. Vous allez constater que Baptiste ne vous raconte pas de gnorles. Si ça peut vous rassurer, je n'ai rien bu depuis ce matin, et ça fait des heures...

Tout commence par des coups de téléphone au milieu de la nuit. Je décroche. Personne au bout du fil. Et comme ça toutes les nuits, durant une semaine. A devenir fou !

Ma Léonie commençait à se demander si ce n'était pas quelque gourgandine rencontrée dans mes tournées qui s'amuserait à me relancer. Il a fallu quelques beignes pour lui rabattre son caquet.

Ce n'était que le début de mes tourments, le hors-d'œuvre du grand menu que le Drac me préparait.

Vous connaissez Asmodée ? Drôle de nom, il faut le dire, pour une jument ! La femme du maire me l'avait confiée le temps qu'elle se rende aux sports d'hiver. Je ne laissais sortir cette brave bête de son écurie qu'une heure ou deux par jour, pour la faire trotter et galoper dans mon couderc. La nuit venue, je la fermais dans l'écurie avec, pour barrer la porte, une grosse chaîne et un cadenas. Même le plus futé des magiciens qu'on voit à la télé, qui font sauter leurs entraves comme par l'opération du Saint-Esprit, n'aurait pu forcer la porte de mon écurie.

Eh bien, le Drac, lui, a réussi !

Vous devez vous souvenir de cette histoire dont on a parlé dans toute la commune, et au-delà. Un matin, un gars du bourg arrive dans la cour de ma ferme en tenant

Asmodée par le licol. « C'est bien à toi, cette jument ? » qu'il me dit. J'en restai sur le cul. Asmodée était sortie de l'écurie en pleine nuit, mais en passant par où ? La porte était fermée comme je vous l'ai dit. Il n'y a pas d'autre ouverture que le fenestrou, et encore, il était fermé par un bouchon de paille. Le gars qui me ramenait la jument a ajouté :

– On l'a entendue toute la nuit galoper autour du bourg en hennissant, comme si elle avait à ses trousses le loup ou le diable.

Le diable... il ne croyait pas si bien dire. Le comble, monsieur Martial, c'est que cette pauvre bête avait sa crinière tressée fin, comme celle des filles de la ville qui viennent se promener chez nous les jours de fête. Un vrai travail de demoiselle...

Elle n'était pas belle à voir, la pauvre bête ! L'allure mal assurée, l'encolure basse, le souffle rauque comme celui de l'âne qu'on fait soûler pour la fête votive, couverte d'écume comme d'un drap blanc... En arrivant devant la porte de l'écurie elle est tombée sur les genoux, s'est allongée en battant des jambes, a tiré une langue longue comme ma main, et elle a claqué là, devant moi. Vous entendez, monsieur Martial ? Asmodée, une jument qui avait gagné des prix aux courses de Pompadour, qui valait des cent et des mille, qui était la fierté de sa maîtresse et la joie de ses filles, morte dans ma cour, à mes pieds, sans que je puisse rien faire pour la sauver... Quand la femme du maire a appris l'événement, j'en ai entendu de belles ! Pire que si j'avais violé une de ses filles...

Alors, selon vous, qui a pu me jouer ce tour ? Vous devez penser que j'avais bu un verre de trop, que j'avais oublié de fermer la porte au cadenas, et je vous comprends. Vous allez peut-être même me suspecter, comme certains l'ont fait, d'avoir tressé la crinière d'Asmodée ! Vous ne m'en croyez pas capable ? Merci, monsieur Martial. Avec ces grosses mains, comment j'aurais pu ?

N'allez pas croire que cette affaire en soit restée là.

Quelques jours après cet exploit, nouvelle visite du Drac. De nuit, comme la première fois. J'ai senti tout à coup un grand froid me pénétrer jusqu'aux os, et la même odeur de vase et de fumier se répandre dans ma chambre. J'ai revu ces deux petits lampions verts se balancer au-dessus de moi et j'ai entendu la même voix d'outre-tombe qui me disait :

– Alors, Baptiste, tu me la donnes, cette jatte de lait ?

Tiré brutalement de mon sommeil, je n'étais pas de nature à plaisanter. La moutarde m'est montée au nez, et pas la violette de Brive, qui est du genre doux et sucré. J'ai sauté au bas de mon lit, pris ma canne ferrée et, la rage au ventre, je me suis mis de toutes mes forces à battre l'air autour de moi comme le blé au fléau, dans le temps, sans rien heurter, si ce n'est le montant de mon lit et la vieille armoire. Je frappais devant ; il était derrière. Je fauchais l'air à droite ; il était à gauche. Partout et nulle part. Et ce rire, cette voix de sépulcre qui montait du fond du puits, qui me provoquait, m'injuriait, m'humiliait. J'ai allumé ma chandelle d'une main tremblante et l'ai promenée dans la soupente. Rien ! plus le moindre ver luisant, mais cette odeur sauvage, et la voix qui me harcelait et me disait :

– S'il te reste un peu de courage, Baptiste, sois demain à l'étang des Bordes, à la première heure du jour.

Je te réserve une surprise. Rassure-toi, tu ne risqueras rien. Tu assisteras à une bujade comme tu n'en as jamais vu...

Tout le restant de la nuit, je balançai si j'irais ou pas. J'ai fini par décider de m'y rendre, pas rassuré malgré ce que m'avait dit le Drac, avec mon fusil et quelques cartouches, en me disant que si j'arrivais à flinguer ce malfaisant, ce serait le plus beau tableau de chasse de ma carrière, qu'on en parlerait dans la presse et peut-être à la télévision.

L'étang des Bordes se trouve à deux pas de ma ferme, vous le savez. On peut même voir, de ma fenêtre, une langue de roselière et quelques peupliers. Vous verrez quand vous viendrez goûter mon vin.

Il fait à peine jour, mais j'y vois suffisamment pour reconnaître chaque buisson, chaque caillou, éviter les toiles d'araignée tendues à travers le sentier, toutes brillantes de rosée. J'avance à pas de loup, l'œil et l'oreille en alerte, mon fusil sous le bras. J'arrive jusqu'à la petite grave où les femmes du hameau viennent faire leur bujade. Rien ne bouge. Tout est gris : le ciel bas, l'eau de l'étang, calme et lisse comme la grande glace du bistrot. Assis sur une souche, j'attends, de plus en plus persuadé que le diablotin s'est foutu de moi.

Soudain, ça commence à bouger. De petites vagues, comme celles que font les lavandières en secouant leur linge, des lumières qui montent de la vasière et éclatent à la surface, ici et là, pareilles à des feux de Bengale : des rouges, des jaunes, des bleues, comme pour le feu d'artifice du 14 Juillet, avec, sur le bord opposé, sous les peupliers, de grandes draperies blanches qui traînent à la surface puis se dressent toutes droites, en spirale, en jetant des étincelles. Je me dis : manque plus que les fusées et les pétards ! Monsieur Martial, vous le savez : je ne suis pas du genre peureux. Mais là, sur le coup, je me sens pris d'un frisson qui part de la racine des cheveux et me court dans le dos, comme si je venais subitement d'avoir la fièvre, ce méchant « palu » que j'ai attrapé en Algérie et qui me secoue de temps en temps. Et la chair de poule en plus, comme quand nous attendions dans les Aurès l'attaque des fellaghas.

A la place de la *bujade* qu'il m'avait annoncée, le Drac m'offrait le spectacle de ses pouvoirs, comme pour me montrer de quoi il était capable. Je n'ai même pas eu l'idée de me servir de mon flingue, et pour tirer sur quoi ? Il n'y avait pas la moindre trace de vie autour de l'étang, et les canards n'étaient pas encore de sortie.

Comment la fête s'est terminée, monsieur Martial ? Par de grandes lueurs blanches qui se sont mises à glisser sur l'étang et entre deux eaux. Brusquement, plus rien ! Le gris du petit jour et un grand silence. Je ne me suis retiré que lorsque j'ai aperçu les premiers canards.

Vous êtes le premier, et vous serez le seul, auquel je raconte cette aventure. Même les copains du bistrot n'en savent rien, sinon ils en auraient bien rigolé. Pas comme vous. Ils auraient attribué mon récit à une fameuse cuite. Vous avez raison : c'est vrai qu'on ne prête qu'aux riches, mais tout de même, à l'heure de ce feu d'artifice, je vous jure que j'étais à jeun !

Si vous croyez que mes épreuves se sont arrêtées là... Ce bougre de démon m'en réservait une autre de son répertoire, et pas des plus banales.

Un soir, après la traite, je vais caresser mes vaches et leur parler, comme je le fais tous les jours. La Rousse et la Banou sont de braves bêtes. Elles n'ont qu'un défaut : elles ne se supportent pas, au point de se donner des coups de cornes à la moindre occasion. Je vais me coucher, tranquille comme Baptiste, ce qui est bien le cas de le dire ! Au petit matin, à l'heure de la première traite, j'entends Léonie qui m'appelle avec une drôle de voix, comme si elle venait de poser le pied sur une vipère. Je sors en trombe de ma soupente et je vois ma pauvre femme, son banchou d'une main, le seau de l'autre, bredouillant :

– Baptiste... les vaches...

– Eh bien, quoi, que je réponds, qu'est-ce qu'elles ont, les vaches ?

J'entre dans l'étable, et qu'est-ce que je vois ? Je vous le donne en mille ! La Banou et la Rousse liées ensemble au plus serré, en train de se distribuer des coups de langue et de se caresser le museau...

Cette fois, je me suis dit, le Drac a fait encore plus fort que les fois précédentes. S'il continue, il va lui venir l'idée de foutre le feu à ma ferme, de faire crever la volaille, le bouc, les cochons et les vaches. Nous mettre sur la paille, quoi !

Du coup, sans attendre, je file au hameau de Chez-le-Turc pour consulter le grand Jules qui, comme je vous l'ai dit, est un peu sorcier. Il hoche la tête, réfléchit un moment et finit par me dire :

– Mon pauvre Baptiste, tu as affaire à plus fort que toi et que moi. Va falloir composer.

– Composer ? je réponds. Tu y vas fort ! Je vais quand même pas porter un cierge à l'église et faire bénir ma ferme par le curé ? Tel que je le connais, il rigolerait bien...

– Tout ça servirait à rien, a ajouté le grand Jules. En revanche, j'ai des recettes contre ces diableries. Je vais te les indiquer, mais sous toutes réserves. Un coup ça marche, un coup ça foire, sans qu'on puisse dire pourquoi. Alors, voilà... Tu vas répandre de la cendre mêlée à de la balle de sarrasin sur tous les endroits que le Drac emprunte pour pénétrer dans ton étable. Paraît qu'il aime pas ça. Attends : c'est pas tout ! Comme ce bougre semble apprécier, à ce que tu m'as dit, le lait de tes vaches, tu en placeras un bol, chaque nuit, sur le rebord de ta fenêtre, assez haut pour que le chat puisse pas y toucher. Puisque l'hiver approche, tu laisseras ta porte entrebâillée pour qu'il puisse venir se réchauffer. Il devrait se montrer sensible à ces attentions et te foutre la paix. Si, malgré ces précautions, il continue à t'empoisonner la vie, c'est que tu as affaire à un Drac de type spécial, non répertorié. Alors, s'il persiste, eh bien, il restera le curé et son goupillon. Quelques prières, quelques gouttes d'eau bénite, ça coûte rien et ça peut produire son effet, même si tu crois ni à Dieu ni au diable. Enfin, mon pauvre Baptiste, en dernier recours, il te restera à déménager...

Déménager ? Il en avait de bonnes, le Jules ! Je crois guère à toutes ces simagrées, mais j'ai fait consciencieusement tout ce que Jules m'a prescrit, sans oublier le curé et son goupillon. Eh bien, monsieur Martial, croyez-moi si vous voulez, de ce jour, le Drac m'a foutu la paix. Mais je me méfie, et ma Léonie de même, de crainte qu'il revienne. Tous les soirs, en plus des autres précautions, elle asperge la maison d'eau bénite avec un petit rameau de buis, comme lorsqu'on conjure un orage. Dans ces occasions-là, on n'est jamais assez prudent, vous comprenez ?

Vous me croyez, au moins, dites, monsieur Martial, vous qui êtes instruit et persuadé de ma bonne foi ? Je suis convaincu que vous ne me considérez pas comme un de ces ivrognes qui prennent leurs cauchemars pour la réalité ! En attendant que vous veniez à la maison goûter mon vin, vous prendrez bien encore un pastis ? C'est ma tournée...

Le jeu de la dame blanche

En ces temps-là, au début des années trente, nous habitions, mes parents, mon frère aîné et moi, la petite métairie attenante au château de Puyaubert, proche de la Vézère : dans une de ces contrées où l'on dit que Dieu aurait aimé passer son dimanche, après la galère de sa semaine créative. Un troupeau de collines, échappées des hautes terres de landes et d'étangs du pays de Tulle, y cabriolent de part et d'autre d'une large vallée alluviale qui s'élargit dans des étendues de champs de tabac et de plantations de noyers avant de se replier frileusement, autour des Eyzies, sur le mystère des premiers hommes. Une terre bonne et franche comme une tourte de pain frais, épaisse et lourde, sous un ciel ample et lumineux où s'effilochent les derniers nuages de l'Atlantique.

Le château de Puyaubert n'est qu'un décor d'opérette : un mélange harmonieux de calcaire et de brique, de hautes fenêtres, une terrasse pour garden-parties, deux tours d'angle, avec une onde d'ampélopsis sur ses pignons. Sa position lui confère une majesté féodale, mais la bourgeoisie de la fin du siècle passé l'a entouré d'une dignité froide et artificielle. Un décor, je l'ai dit, avec le vide derrière la façade. Il était habité à l'époque dont je parle par une dynastie de notaires, les Dumont, qui se flattaient d'avoir de la branche mais qui n'avaient que les feuilles. Cette dérisoire fierté de caste amusait mon père qui, par plaisanterie, se donnait le titre d'*intendant*.

Tenter de découvrir des traces de mystère ancestral dans cette bâtisse était se faire des illusions. De la cave au grenier, elle respirait le bien-être des parvenus plus que le salpêtre des réserves de fantômes. Et pourtant, durant des mois, un événement insolite m'a persuadé du contraire : je fus le témoin d'un de ces phénomènes étranges qui hantent (c'est le cas de le dire), l'œuvre colossale de Camille Flammarion, *Les Maisons hantées*.

Je me trouvais alors dans cette période de la préadolescence, âge trouble, fluctuant, où bourgeonne notre personnalité et qui nous prédispose aux pièges des sentiments. Cet état s'accompagnait chez moi d'une spécificité fâcheuse : une naïveté congénitale qui devait m'accompagner toute ma vie et qui m'a fait accomplir bien des faux-pas.

J'ignorais alors que le mystère demande la lente maturation des siècles, qu'il ne s'élabore pas *ex nihilo* sous nos yeux, qu'il ne peut être une émanation du banal quotidien, mais de faits ou de personnages d'exception, comme on en rencontre un tous les siècles, le plus souvent à partir d'un drame.

C'est à mon frère aîné, Edouard, que je dois la révélation d'un phénomène mystérieux qui se développa singulièrement sous une forme concrète et dont la présence sollicitait tous les sens.

Nous avions élu domicile, Edouard et moi, dans la demeure des anciens propriétaires de la métairie · une bâtisse rustique en forme de cube, aux murs lézardés, badigeonnée d'un bleu de bouillie bordelaise et dont la lourde toiture de lauzes était fleurie de grosses joubarbes. De modestes dimensions, elle était divisée en son milieu par une cloison de planches mal jointoyées, qui partageait jadis l'espace réservé aux humains et celui consacré aux animaux. Nos parents nous avaient installés dans cette chaumière pour libérer une pièce de la maison principale où nous étions à l'étroit. Cette éviction acceptée leur permettait d'évacuer en toute liberté des humeurs acariâtres auxquelles notre présence faisait obstacle.

Durant les premiers mois de notre déménagement, nous avons, Edouard et moi, couché ensemble dans le lit des vieux, qui libérait au moindre mouvement la poussière jaunâtre rejetée par les cussons qui rongeaient sa charpente, et les mauvaises odeurs qui imprégnaient matelas et couvertures. Nous robinsonions dans cette masure sans murmurer. Cette promiscuité nocturne, jugée indécente en raison de notre âge, cessa le jour où notre mère décida qu'Edouard continuerait à occuper le lit des vieux et moi un châlit dans l'étable.

Je mis dans cette sentine ordre et propreté, balayai les murs revêtus d'une antique poussière qui sentait le suint, les débarrassai des clous, des fers à bourricot, des lames de faucille ébréchées qui le hérissaient. Je raclai le sol de terre battue revêtu, en guise de moquette, d'une croûte de déjections animales séchées, que je découpai en tranches, comme on fait de la tourbe, pour les faire servir de terreau. Cette mesure d'éviction, qui n'avait rien pour moi de discriminatoire, me permettait, en m'isolant, d'échapper aux sommeils agités de mon aîné.

Et le mystère, dans tout cela, me direz-vous ?

Patience. Il me fallait bien planter le décor et dérouler le tapis rouge pour l'apparition de notre visiteuse : la dame blanche. Voilà qui est fait : elle peut se présenter.

S'il est vrai que je manque d'imagination, mon frère en a pour deux, mais c'est bien le diable si je sais comment il a pu inventer l'histoire que je vais vous conter.

A dix-sept ans, Edouard était sans conteste l'un des plus beaux gars de la commune, et moi, petit, chafouin, maigrichon que j'étais, je ne pouvais prétendre me mesurer à lui. De plus, je dois le dire, je n'étais pas très futé.

Edouard courait avec assiduité les bals du samedi soir et les fêtes votives (les *votes*, comme on dit chez nous), à bicyclette. J'assistais parfois à ses préparatifs : cheveux gominés au Baker-fix, aisselles parfumées à *Soir de Paris*, pantalon de golf, blouson et foulard rouge sur sa chemise blanche... Il souhaitait faire penser à son idole : Jean-Pierre Aumont. Avant de me quitter, il me glissait dans le bec une Camel et me donnait sur la joue une tapette paternaliste. Il lui arrivait assez fréquemment de ramener dans notre masure une fille draguée dans un dancing de campagne. Ces nuits-là, de mon étable, je pouvais assister à un corps à corps accompagné d'éclats de rire, de gémissements, des grincements rythmiques du sommier et de la charpente du vieux lit, mis à rude épreuve.

Quelques mois après ses dix-huit ans, le comportement d'Edouard changea brusquement. Sans renoncer tout à fait à ses expéditions nocturnes, il n'en ramenait plus ces filles d'occasion qui ne lui tenaient guère au cœur. Durant quelque temps, je connus des nuits du samedi paisibles.

Un soir, après le souper, alors que nous venions, Edouard et moi, de réintégrer notre demeure, mon frère me demanda de lui tenir compagnie quelques minutes. Il fit du feu dans la cheminée, alluma sa lampe à pétrole et me désigna un banc du cantou, en face de celui qu'il venait d'occuper, sur l'antique coffre à sel. Bien que ce comportement me parût étrange et inhabituel, je ne manifestai aucune surprise, persuadé qu'il allait me demander d'effectuer une nouvelle translation de mes pénates, peut-être dans le grenier.

Il me dit tout de go :

– Tu as entendu parler de la dame blanche ?

En fait de dame blanche, il ne restait dans mon souvenir que la silhouette de l'infirmière qui m'avait soigné lors de mon opération de l'appendicite. Il aurait pu éclater de rire et se moquer de moi ; il se contenta de hausser les épaules et de détourner la tête avec un sourire de compassion.

– Je veux dire celle qui hante le château et dont on parle dans les veillées.

Je n'avais pas gardé en mémoire le souvenir de ces évocations de coin du feu, les soirs d'hiver, en compagnie de nos parents, dans la ferme de la métairie. Lui n'avait pas oublié ces personnages mystérieux, ces âmes en déshérence sous forme de draps de lit ambulants qui, dit-on, viennent hanter les lieux où a vécu leur corps terrestre, soit afin de solliciter l'amnistie pour un crime impuni, soit pour réclamer l'ensevelissement en terre chrétienne, soit encore pour d'autres raisons, comme la simple perversité.

– Tu l'ignores peut-être, ajouta Edouard, mais le château de Puyaubert est hanté. Je ne voulais pas le croire mais j'en ai acquis la certitude il y a peu de temps. Il s'agit d'une jeune femme morte qui revient parmi nous pour réclamer l'affection qu'on lui a refusée de son vivant. Rassure-toi, elle n'est pas dangereuse mais, s'il t'arrivait de la rencontrer, et ça t'arrivera sûrement, ne sois pas effrayé.

– Et tu l'as rencontrée, toi ?

– Plus d'une fois, figure-toi ! La première, c'était un soir, au retour de La Daudevie, au bord de l'étang. La seconde, en travers du chemin de noisetiers qui mène au château, près du bassin aux carpes.

– Et elle t'a parlé ?

– Non. Je crois bien qu'elle est muette. Quand j'ai voulu l'interpeller elle a disparu, comme par enchantement.

Un soir, pourtant, elle s'était laissé approcher. Edouard l'avait de nouveau interrogée et, cette fois-ci, elle avait daigné répondre à ses questions. Il avait appris avec stupeur qu'elle s'appelait Delphine, qu'elle était une fille prématurément disparue d'un propriétaire de l'ancien château de Puyaubert. Cette dame de la nuit surgissait des temps où la France était gouvernée par des rois ; elle était à la recherche d'un trésor enfoui dans les parages, peut-être dans une cave de l'ancienne maison forte, peut-être sous un arbre du parc ; elle réclamait, outre l'affection dont on l'avait privée, de l'aide pour le retrouver. Pour en faire quoi ? Edouard avait oublié de le lui demander.

– La dernière fois que je l'ai rencontrée, ajouta Edouard, c'était pas plus tard qu'avant-hier soir. Elle m'a donné rendez-vous ici, dans ma chambre. Je n'ai pas pu lui refuser, crainte qu'elle m'en tienne rigueur et qu'elle se venge, Dieu sait comment ! Alors, ne t'étonne pas si tu la vois. Ce que j'exige de toi, c'est que tu gardes le secret. Jure-le : croix de bois, croix de fer, et crache dans la cendre !

Ce que je fis. Naïf comme je l'étais, surtout à cette époque, on pouvait me faire prendre aisément des vessies pour des lanternes. Si la consigne de mon frère me gardait la bouche close, elle ne m'interdisait pas de garder les yeux ouverts. Ma curiosité ne tarda pas à être satisfaite. Au-delà même de mes espérances !

Peu après la tombée de la nuit, le chien de nos parents m'a réveillé en sursaut. Il a aboyé, puis gémi, ce qui indiquait une présence connue, sinon familière. J'ai entendu le *Tsé, vaï t'in !* d'Edouard (Chien, fiche le camp !), et par une fente de la cloison de planches, le souffle coupé, j'ai pu apercevoir, dans la lumière de la lampe à pétrole, une forme blanche enveloppée des pieds à la tête, non pas d'un linceul, comme dans les légendes, mais d'une sorte de voile de mariée, sans le diadème de fleurs d'oranger et le bouquet.

De voir la dame blanche, là, à deux pas, dans notre décor familier, évoluant avec grâce et légèreté, entre la cheminée et le lit, comme portée par un courant d'air, grappillant au passage une prune dans le compotier en chantonnant, suscitait en moi une surprise dépourvue de terreur.

Assis côte à côte au bord du lit et me tournant le dos, ils se mirent à parler avec animation, à voix basse pour ne pas m'éveiller et susciter un témoin gênant. L'idée ne me vint à aucun moment que cette créature éthérée pût être dépourvue des attributs physiques qui mettent nos sens en émoi. Edouard s'était montré muet à ce sujet, obsédé qu'il devait être par la recherche du trésor de Puyaubert...

De temps en temps le rire un peu sot de la dame blanche crépitait derrière la cloison, comme celui d'une femme chatouillée. Elle basculait sur le lit, se redressait, reprenait sans arrêt ce mouvement de balançoire. Tout à coup, ce fut la nuit noire, mon frère venant de souffler la lampe.

Je passai une partie de la nuit à me demander ce qui motivait la singulière gymnastique à laquelle se livraient les deux partenaires, et ce que mon frère pouvait bien découvrir sous ce voile mystérieux qui, selon moi, ne pouvait abriter qu'une présence virtuelle. Eberlué, je retrouvais la gamme des gémissements, des gloussements, des grincements auxquels m'avaient habitué les exploits précédents de mon aîné. Je me sentais harcelé par une lancinante interrogation, que confirmèrent, sans leur apporter de réponse, les nuitées qui suivirent. La découverte du trésor semblait être passée au second plan de leurs préoccupations. Edouard mettait tant d'ardeur à ces confrontations nocturnes qu'il faisait peine à voir : amaigri, voûté des épaules, le regard hébété... Notre père devait le tarabuster lorsqu'il restait comme absent, avec sa manoque de tabac au poing ; notre mère devait insister pour qu'il se nourrisse convenablement. Je soupçonnais quant à moi mon frère et sa compagne de passer une partie de la nuit à sonder les caves du château ou à creuser au pied des arbres du parc.

Ce manège infernal dura tout l'automne et tout l'hiver, si bien que mon frère n'était plus que l'ombre de lui-même et que notre mère envisagea de le conduire chez le médecin, persuadée qu'il était habité par le ver solitaire.

Au printemps suivant, alors que j'allais vers mes quinze ans, Edouard n'avait pas cessé ses campagnes de fouilles et faisait peine à voir.

C'était à l'automne 39. La guerre menaçait. Il reçut son ordre de mobilisation et sa feuille de route.

Alors qu'il venait de se harnacher de deux musettes dont les cordes se croisaient sur sa poitrine, Edouard me prit à part et me dit :

– Je te remercie. Tu n'as pas trahi notre secret. Je dois t'avouer que nous n'avons pas trouvé le trésor de Puyaubert, la dame blanche et moi, mais je ne perds pas espoir. Cette mobilisation n'est qu'une alerte. Je serai bientôt de retour et nous poursuivrons nos recherches. En attendant, motus...

Je lui proposai de poursuivre les fouilles en son absence. Il éclata de rire, me savonna le crâne avec son poing osseux, ajoutant :

– Tu es trop jeune, gamin, et pas assez costaud. Tu as vu l'état où ça m'a mis ? Plus tard, peut-être... En attendant mon retour, tu peux coucher dans mon lit. Tu y seras plus à l'aise que dans ton cagibi.

Je le remerciai avec émotion et l'embrassai lorsqu'il monta dans la camionnette du laitier pour se rendre à la gare de Meyssac et prendre à Brive le train du PO, le Paris-Orléans, qui le mènerait sur le théâtre des opérations faire la guerre aux Boches.

Le soir même, je déménageai pour coucher dans ses draps. J'y respirai des odeurs singulières qui n'avaient rien de séraphique et me troublèrent. Avant de m'endormir, j'essayai en vain d'imaginer la nature des rapports entre le vivant qu'était mon frère et la morte récalcitrante qu'était Delphine. Cette affaire de trésor avait fini par me paraître suspecte, mais je n'avais pas d'autre explication à ce mystère.

Une quinzaine passa, marquée, chaque jour ou presque, par les lettres d'Edouard, qui nous rassuraient sur sa santé :

ce changement d'air, comme disait ma mère, lui réussissait ; il se nourrissait convenablement, grâce aux colis que nous lui adressions, et reprenait des forces.

Une nuit, alors que j'achevais ma lecture, la tête bourdonnante de sommeil, la lumière de la loupiote éteinte, un grattement à la porte me fit sursauter. Je pensai qu'il devait s'agir du chien qui, la nuit étant fraîche, cherchait un abri, quand une voix délicate me demanda à travers le battant de lever la barre. Ce que je fis, non sans un frisson de peur. La porte ouverte, je gémis :

– Aïe, maman...

Derrière le voile de mousseline blanche, la voix me rassura :

– N'aie pas peur ! Je ne vais pas te dévorer tout cru. Tu permets que j'entre ?

Dressée dans l'ombre, contre le ciel luminescent, la dame renouvela sa demande. Je finis par m'écarter pour la laisser passer et tâtonnai pour rallumer la lampe. Elle arrêta mon geste, disant qu'avec ce qui restait de braises on y voyait assez clair. Une lumière trop vive eût d'ailleurs enlevé à cette rencontre le mystère qui la baignait.

J'étais dans mes petits souliers. Assise sur le bord du lit comme elle le faisait avec mon frère, la créature balançait ses jambes d'un air nonchalant, ses mains entre ses cuisses. Sans ôter son voile de mariée, elle me jeta, avec une voix où perçait l'ironie :

– Eh bien, tu n'es pas bavard. Ton frère, en revanche...

Je m'enhardis à lui demander où elle en était de la chasse au trésor. Elle sursauta, murmura :

– Le trésor ? Quel trésor ? Jamais entendu parler de ça.

– Pourtant, vous êtes bien la dame blanche de Puyaubert, et c'est bien un trésor que vous cherchiez toutes les nuits avec Edouard ? Je sais que vous veniez le rejoindre et que tous les deux...

Elle aurait pu éclater de rire. Elle se contenta de soupirer, de prendre ma main et de la poser sur sa cuisse. Elle ajouta :

– C'est ton frère qui a inventé cette histoire pour protéger nos rendez-vous. Cette idée m'a paru saugrenue mais j'ai fini par céder pour ne pas le contrarier et parce que je l'aime bien. Mon pauvre ami, c'était une mascarade, et tu y as cru, comme auraient pu y croire des gens un peu simples, qui m'auraient surprise entre le château et la métairie.

– Le château... Vous venez donc du château ?

– Décidément tu es encore plus innocent que je ne pensais ! C'est même là que je demeure, chez mes parents. Et puis, zut !

Elle se dressa d'un bond, ôta en marmonnant sa tenue de fantôme, disant que la comédie était finie, qu'elle ne voulait plus se cacher sous cette défroque ridicule et que d'ailleurs, à part moi, il n'y avait pas eu de témoin de ses rapports avec Edouard. Je sentis la salive sécher dans mon palais, se bloquer comme un caillot dans ma glotte. Je gémis :

– Aïe ! ma mère... Delphine !

Elle répliqua joyeusement, en me bousculant :

– Eh oui, Delphine ! la fille du notaire... Cesse d'invoquer ta mère comme la Sainte Vierge. Dis-moi plutôt si ta famille a des nouvelles d'Edouard et s'il va bientôt revenir. Tout ce que j'ai reçu de lui, c'est une carte postale qui représentait la mairie d'Abbeville et qui n'était pas signée, à cause de mes parents, tu comprends ? Avec deux mots : *Amical souvenir.*

– Des nouvelles, nous en recevons presque tous les jours. Il va beaucoup mieux depuis son départ et répète qu'il ne va pas tarder à revenir, mais mon père dit qu'il se fait des illusions. S'il décroche une permission, ça sera pas avant Pâques...

– ... ou la Trinité ! soupira-t-elle. J'ai compris, va. Il en a assez de moi. Il va se trouver une poulette dans le Nord où on dit que les filles sont faciles. Et alors, adieu Delphine !

Elle gémit sourdement derrière ses mains, fondit en larmes. J'en fus bouleversé. A sa beauté un peu sévère de fille de riches élevée à la campagne, s'ajoutait l'expression pathétique du chagrin qui poussait à la consoler.

– Porte pas peine, dis-je. Je suis persuadé, malgré ce que dit mon père, qu'Edouard ne tardera pas à revenir.

J'osai un geste insensé : dans un élan d'émotion, je lui pris la main, l'ouvris comme une corolle pour l'embrasser au creux de sa paume humide qui sentait la violette. Elle renifla, bredouilla à travers un rire mouillé :

– Dis donc, qu'est-ce qui te prend ? Moi qui te croyais timide...

– Je te console, Delphine. J'aime pas voir pleurer les filles.

Elle prit ma tête entre ses mains, posa ses lèvres sur les miennes et balaya mon palais à petits coups de langue. Elle devait avoir sucé un bonbon acidulé car le salé des larmes se mêlait à un goût de menthe. Je trouvai cette expérience agréable et acceptai de la poursuivre avec de nouvelles audaces auxquelles elle m'encouragea : mes doigts explorèrent sa poitrine d'adolescente sous la chemisette, ce qui la fit gémir et haleter. J'hésitais à poursuivre ma prospection fiévreuse ; elle me guida au plus secret de sa chair, tandis que les preuves de ma virilité se manifestaient avec éloquence.

Alors que ce jeu torride nous aiguillait vers le sacrifice fatal, Delphine eut une réaction déconcertante. Elle me dit sèchement :

– Ça suffit ! N'allons pas plus loin. Pensons à ton frère. Ce pauvre Edouard...

Emporté que j'étais par des sensations nouvelles, confuses et délicieuses, Edouard était bien la dernière personne à laquelle j'aurais pensé. Il avait abusé de ma naïveté ; je prenais ma revanche. Delphine se laissa glisser jusqu'au sol, ramassa sa robe de mariée et disparut sans un mot, me laissant avec ce désir d'elle qui me torturait. C'était heureusement un de ces désirs que l'on peut apaiser pourvu que l'on y mît la main...

Pour me rendre le destin propice, je laissai la nuit suivante ma porte ouverte ; Delphine s'abstint de paraître. Une semaine passa sans que je renonce à l'espoir d'une nouvelle visite nocturne. Je commençais à désespérer quand, aux approches de Noël, j'entendis grincer ma porte. Delphine entra comme une ombre. Sans un mot, elle ranima à l'aide du pique-feu la bûche somnolente et se mit à se dévêtir. Pour la première fois de ma vie j'avais sous les yeux, à portée de ma main, ce trésor de chair inestimable pour lequel certains donneraient ceux de Golconde et du Pérou : un corps d'adolescente entièrement nu, détouré par une ligne dansante de feu, comme jaillissant de l'enfer, encore tout imprégné de sortilège. Ce n'était plus la dame blanche chercheuse de trésors qui s'approchait de moi mais la plus séduisante des succubes. Je l'avais attendue trop longtemps, et avec trop d'impatience, pour lui opposer la moindre résistance, ce dont, d'ailleurs, je n'avais pas l'intention.

Edouard tarda des semaines à revenir en permission. Il m'expliqua que, s'il n'avait pas donné de nouvelles à Delphine, c'est qu'il avait rencontré dans une ville de garnison une demoiselle de bonne famille avec laquelle il comptait se marier. Ce qu'il fit, la guerre passée.

Il ne me demanda pas si j'avais respecté ma promesse quant au secret de ses rapports avec Delphine, preuve que cet épisode de sa vie sentimentale n'avait été que le prélude à d'autres aventures. Il fut heureux avec son épouse comme je le fus et le suis encore avec la mienne. Si Delphine a revêtu la robe de mariée de sa mère, remise au goût du jour par la couturière de Terrasson, c'était pour que je la mène devant le maire et le curé.

La polka des gendarmes

Parmi la faune humaine qui peuple le plateau de Millevaches, j'ai rencontré, au cours de ma longue existence, bien des personnages originaux, mais aucun qui soit de la nature et à la mesure de Damien Soularue.

Sa singularité tenait d'abord à son apparence physique. Si vous le rencontriez sur un sentier ou une place de ville, dans les environs de Bugeat où il demeurait, il semblait en adéquation avec son milieu : casquette au ras des sourcils, barbe roussâtre en broussaille, fripes portées par des générations, vieux socques vernis par l'usage... A trois ou quatre pas, vous perceviez un frisson de gêne en vous disant que cet homme-là n'était pas du même bois que les autres habitants, qu'il dégageait, au plein sens du terme, une sorte de charme. Cela semblait dû au regard d'un bleu intense, ce qui est relativement banal, mais comme éclairé de l'intérieur, ce qui laissait perplexe.

Certaines personnes de nature sensible ne purent supporter ou affronter ce regard et, en face de ce personnage, se sentirent ébranlées au point de chanceler et d'éprouver un profond malaise qui les incitait à s'éloigner ou, au contraire, à s'abandonner au pouvoir dont ce démiurge était doté.

Pour dire en quelques mots ce qu'il faudrait un livre pour raconter, mon ami Damien avait des dons d'hypnotiseur. Ils lui venaient d'où ? Lui-même l'ignorait ou dédaigna de m'en informer. Toujours est-il que beaucoup se méfiaient de lui et fuyaient ce regard qui, sous le bord crasseux de la casquette, les fixait comme celui d'un reptile sous son rocher et, s'ils n'y prenaient garde, pouvait leur faire accomplir les actes les plus insensés.

Dans mon adolescence, alors que je battais les chemins entre Peyrelevade et Bugeat, à travers les solitudes du Plateau, Damien était devenu mon compagnon et mon ami. Nous partagions même une certaine affection qui méprisait les mots. Ce vieux sanglier, célibataire convaincu, voyait peut-être en moi le fils qui lui manquait.

Au chapitre de mes universités rurales, je lui dois tout, car il était une véritable encyclopédie de la nature. Il m'apprit à distinguer de loin un lapin d'un lièvre, un jean-le-blanc d'un épervier, une vipère d'une couleuvre, une linaigrette d'un myosotis sauvage. C'était pour lui l'enfance d'un art qui a fait de mon existence, jour après jour, une perpétuelle découverte.

Ce regard qui m'avait intrigué et fasciné lors de nos premières rencontres, j'avais fini, pour ainsi dire, par l'apprivoiser : affaire d'habitude, peut-être, mais surtout de sympathie. J'avais appris qu'il était aussi dangereux – je mesure mes mots – de l'affronter que de le fuir, car il pouvait vous rattraper quand il voulait, et alors, gare !

Si Damien avait tenu ses registres en règle, il aurait pu joindre à son carnet d'état civil, à sa carte d'identité et au titre de propriété de sa masure la profession de braconnier. C'est un terme galvaudé de nos jours où, avec la bénédiction des élus, les chasseurs pratiquent ce loisir au mépris des lois.

Le braconnier de cette époque était encore un personnage dont l'importance se mesurait, *a contrario*, par sa discrétion. Damien se situait au terme d'une longue filiation qui, remontant à Robin des Bois, à Till Eulenspiegel et autres grands réfractaires de l'histoire et de la légende, aboutissait, par une sorte de bouturage, à Raboliot, personnage éponyme du roman de Maurice Genevoix.

Sur la fin des années trente, Damien aurait pu faire figure de personnage anachronique, mais la guerre allait donner à son activité un regain de crédibilité et de faveur auprès de la population, sinon des autorités. La marginalité romantique, assortie d'un soupçon de légende, dans laquelle il vivait prenait, à sa modeste mesure, une connotation économique : les circonstances avaient fait de cet humble personnage le pourvoyeur clandestin en poisson et en gibier des aubergistes du Plateau et de quelques notables discrets. Damien y gagna une notoriété et quelques picaillons qui lui permirent, la paix revenue, de s'acheter un vélo Solex, de restaurer sa masure et d'acquérir quelques arpents de terre arable pour ses vieux jours.

Je n'ai pas suivi Damien sur la voie dangereuse où, je le présume, il eût aimé m'entraîner, non pour me transmettre ses pouvoirs mais pour m'initier à ses activités clandestines. Je n'avais que curiosité pour les pouvoirs dont il usait avec une louable discrétion, et aucun attrait pour le braconnage ou pour la chasse en général. Prendre des lapins au collet, leur briser les reins pour abréger leur agonie, capturer des oiseaux à la glu me répugnaient. Si je suivais volontiers Damien dans ses équipées diurnes ou nocturnes, c'est qu'elles éveillaient en moi, pour le monde sauvage qui nous entourait, une passion alliée à une soif de connaissances empiriques.

A ses pouvoirs d'hypnotiseur qu'il n'exerçait qu'en de rares occasions, jamais par perversité, Damien joignait des dons de guérisseur. Il pouvait, par quelques passes, balayer un zona, éradiquer par quelques caresses avec le gras du pouce des verrues récalcitrantes, rebouter en un simple geste un membre démis et, ce qui allait de soi, lever le feu. Il exerçait cette activité gracieusement ; les quelques avantages en nature qu'il en retirait lui permettaient de mettre du beurre dans ses épinards et du sucre dans ses tisanes.

Ces dons de rebouteux et de guérisseur, il n'en faisait pas mystère. Il les mettait de bonne grâce au service de tous, même de ses pires ennemis, mais il n'en avait pour ainsi dire aucun, excepté les gendarmes qui lui menaient la vie dure. En revanche, il ne faisait pas étalage du plus mystérieux : celui qui aurait pu mettre le commun des mortels à sa discrétion.

Il n'exerça ce don sur moi qu'une fois, pour éprouver ma capacité à lui résister. Cette expérience d'hypnose ne m'a laissé d'autre souvenir que celui d'une rupture infinitésimale dans le fil du temps, comme le subtil raccord dans la pellicule d'un film. Damien me fixa intensément, jusqu'à me faire perdre l'équilibre, m'ordonna de fermer les paupières et de me détendre en songeant à des choses agréables. Je vis l'ombre de ses mains passer en éventail devant mon visage, puis ce fut la nuit totale. Lorsque j'en émergeai, il me dit d'un ton tranquille :

– Martial, merci pour les salades.

– Quelles salades ?

– Celles que tu viens de cueillir, comme je te l'ai demandé.

Il y avait, posées sur la table, trois belles laitues dans un panier d'osier, et je tenais encore à la main le couteau avec lequel je les avais coupées. Je lui demandai de renouveler cette expérience, en me faisant fort, cette fois-ci, de résister à l'envoûtement. Il refusa et me dit d'un air sombre :

– Trop dangereux... Imagine que je ne puisse pas te réveiller ! Ça arrive parfois, tu sais. Ce don, je dois en user avec prudence.

J'appris, quelques années plus tard, quel était le danger que redoutait Damien. Il craignait que ces expériences ne finissent par un drame. Il était sûr de lui, contrairement à ce qu'il m'avait dit ; ce qu'il craignait, c'est qu'on lui reprochât de profiter de l'état d'hypnose dans lequel il avait plongé ses patients pour abuser d'eux, d'une manière ou d'une autre.

Il aurait fait fortune dans un cirque, au music-hall ou dans une officine d'occultisme ; il n'en fut jamais tenté et d'ailleurs, à l'époque, ces dispositions naturelles eussent paru diaboliques ou à tout le moins suspectes.

Damien fut pourtant appelé, en d'autres occasions, à faire usage de ses pouvoirs hypnotiques. L'un de ses exploits aurait pu faire grand bruit s'il avait été observé par quelque témoin extérieur à la scène et si l'on avait pu découvrir le coupable. Il m'en informa, et moi seul, en me demandant de garder le secret jusqu'à l'heure de sa mort.

Une nuit, au retour d'un bal, trois joyeuses garces de Bugeat, un peu éméchées, étaient venues le provoquer chez lui, cogner à ses persiennes en le traitant de puceau et de banturle, deux expressions qui ne peuvent passer pour des compliments. Il se leva, les suivit jusqu'au cimetière en se cachant d'elles et lorsque, riant et chantant, elles furent parvenues au portail, il le leur fit franchir, les dirigea vers le caveau en forme d'oratoire des châtelains, les y enferma puis, ayant repoussé la porte de fer forgé, les abandonna. Il resta là quelques minutes, à fumer sa pipe, assis sur une tombe. Quand il jugea que le châtiment avait assez duré, il les relâcha et les regarda s'égailler en hurlant comme des folles.

On a cru longtemps qu'elles avaient croisé dans la nuit une dame blanche, ou l'un de ces facétieux feux follets qu'on appelle eschanti, qui peuvent jouer de méchants tours aux passants attardés, ou bien encore que, tout bonnement, elles avaient été victimes d'un sort, ce qui était plus proche de la réalité.

Avec les gendarmes, ce fut une autre affaire.

Damien ne les aimait guère, et pour cause. Quant à eux, ils ne le portaient pas dans leur cœur : il était même leur bête noire. Avant la guerre, sans être courtoises, leurs relations étaient dénuées de haine. Pendant l'Occupation, il n'en fut pas de même. Ils étaient persuadés que Damien cachait un fusil de chasse, alors que les possesseurs devaient les déposer à la mairie. Ils avaient perquisitionné chez lui. Sans résultat.

Damien n'a jamais possédé d'arme à feu. Par souci d'éthique : il refusait la supériorité trop facile du fusil, la distance qu'il impose entre le chasseur et la proie ; il pratiquait la chasse à mains nues.

Durant la guerre, Damien fut en butte à l'hostilité hargneuse de deux gendarmes, des pandores de l'espèce la plus attachée aux consignes : le brigadier Brousse et le gendarme Duléry. Originaires du Plateau, ils connaissaient les moindres tourbières, landes, forêts et rivières, domaines privilégiés du braconnage. Comme ils avaient un peu braconné eux-mêmes dans leur jeunesse, il ne fallait pas leur en conter.

En 38, si ma mémoire est bonne, Damien avait eu affaire à eux. Alors qu'il pêchait la truite en période prohibée, les deux vigiles l'avaient pris avec une musette garnie de poissons. Ils avaient sorti la règle à calcul, découvert deux truites un peu jeunettes et conclu à une double infraction qui avait valu à leur victime une forte amende et une peine de prison avec sursis. Il en eût fallu bien davantage pour inciter Damien à renoncer à sa raison de vivre et à son gagne-pain.

En 43, Brousse et Duléry, devenus des GMR [1], étaient toujours en mission sur le Plateau. Brousse avait pris du galon ; pas Duléry. Damien ne les avait pas oubliés ; eux non plus.

Un matin, alors qu'il revenait de poser des collets dans les parages de Moratille, avec déjà trois beaux capucins dans sa gibecière, Damien se trouva nez à nez avec les deux gendarmes. Il aurait pu obéir à l'injonction péremptoire : lever les bras, et se rendre. Il choisit de prendre la fuite. Brousse cria qu'il allait tirer si Damien ne s'arrêtait pas. Damien poursuivit sa course ; blessé à l'épaule par une balle, il parvint à disparaître dans un taillis de châ-

1. Gendarmes mobiles républicains.

taigniers. On n'eut pas de nouvelles de lui durant une quinzaine, peu soucieux qu'il était de regagner son domicile où l'on devait l'attendre. Il vécut cette période de vacances forcées à la manière des Indiens, chez un camarade de régiment, très loin de son domicile habituel, où personne n'alla le dénicher.

Comme il était de forte constitution, Damien guérit vite, la balle n'ayant fait que tracer un discret sillon dans le gras de l'épaule, mais il avait juré de se venger. A sa manière.

Il avait plusieurs moyens d'opérer. Il alla au plus simple et au plus efficace : l'humiliation.

Le plus simple ? Voire. Il lui fallait se trouver de nouveau, à ses risques et périls, en présence d'un ennemi qui avait le coup de pistolet facile. Il mûrit son plan et l'exécuta avec la rigueur qui lui est propre.

Les GMR Brousse et Duléry menaient alors une triple campagne : contre les trafiquants du marché noir, les maquisards et les bals clandestins.

Un soir d'été de l'année 43, alors qu'ils venaient de dresser procès-verbal contre les musiciens qui avaient donné un bal dans une ferme abandonnée, les deux compères s'en retournaient à la gendarmerie de Bugeat quand, dans une clairière de la hêtraie, ils se trouvèrent en face de leur vieil ennemi qui, le cul dans l'herbe, semblait les narguer. Il ne bougea pas d'un pouce à leur approche, ralluma tranquillement sa pipe et leur lança d'un ton ironique :

– Salut la compagnie !

Pour le coup, les deux gendarmes restèrent figés sur place comme les stèles du cimetière, bouche bée. Damien se leva, se dirigea vers eux et ajouta :

– Il semble que vous reveniez du bal. J'espère que vous dansez convenablement. Qu'est-ce que vous diriez d'une polka pour finir la soirée ?

– Il se fout de notre gueule ! s'exclama Brousse. Attends un peu qu'on t'attrape, brigand. Les mains en l'air, et vite !

– Cette fois, ajouta Duléry, tu es cuit !

– Commencez par approcher doucement, en éteignant vos lampes électriques. Il y a encore assez de jour pour qu'on se voie bien. Maintenant, si vous l'osez, regardez-moi bien dans le blanc des yeux.

Ils dégainèrent leur pistolet et en appuyèrent le canon sur la poitrine de Damien qui n'eut pas un mouvement de recul. Et soudain, alors que leurs regards se confondaient dans celui de Damien, ils fermèrent les paupières, vacillèrent comme s'ils dormaient debout et laissèrent tomber leurs armes.

– Les gars, lança Damien, c'est pas le moment de mollir. Vous allez me danser une polka, comme je vous l'ai demandé. C'est un ordre. Exécution !

Radieux, sa pipe aux lèvres, Damien assista à ce spectacle délectable : les deux gendarmes s'agitant mollement, esquissant un mouvement de danse, se mettant à tournoyer en frappant le sol du talon, tandis que leur tortionnaire les accompagnait d'une chanson en martelant un rocher avec son gourdin. Entre deux bouffées de pipe, il leur lançait :

– C'est bien mou ! La polka piquée demande plus de nerf, nom de Dieu ! Faut-il que je vous l'apprenne ? Un pas en avant en portant le talon sur la terre, comme pour écraser une limace. Ramenez la jambe en arrière, et faites de même avec l'autre. Une... deux...

De la polka piquée, il passa à l'*Aïga de rose* que Damien chanta à tue-tête en la scandant avec son bâton, comme un maître de ballet. Il y allait de bon cœur, remplissant la hêtraie de sa voix de cornet à bouquin qui réveillait de vieilles nostalgies de fêtes. Malgré leur visage inexpressif de dormeurs, les deux gendarmes ne paraissaient pas indisposés par ce genre d'exercice. Damien passa de l'*Aïga de rose* au *Pélélé*, puis à *La Chèvre brune*.

– Pauvres..., soupira-t-il, vous transpirez comme du lard au soleil. Allons, mettez-vous à l'aise ! Otez votre képi. Bien... Votre baudrier, maintenant, et vos bottes, et tout le saint-frusquin...

Ils obéirent sans un murmure. Ils se seraient défaits de leur chemise et de leur caleçon si Damien n'avait pas mis un terme au strip-tease. Il lança leurs pistolets dans la bruyère, accrocha leur uniforme aux basses branches d'un hêtre et, décidant que l'épreuve avait assez duré, s'écria :

– Pour terminer, vous allez me danser une guimbarde, et que la terre en tremble, nom de Dieu ! Une... deux... trois...

Cette dernière danse achevée, les deux pauvres bougres ne tenaient plus sur leurs jambes. Damien leur lança joyeusement :

– Et maintenant, embrassez votre cavalière !

Les deux pandores tombèrent dans les bras l'un de l'autre, comme deux boxeurs épuisés, éparpillèrent quelques baisers dans leurs moustaches et restèrent comme stupides, face à face, haletants comme le soufflet du charron de Bugeat. Damien tapa le fourneau de sa pipe contre son genou et se retira derrière un buisson de houx pour guetter le réveil programmé des deux victimes de cette farce, et se délecter de leur mine. Ils émergèrent dans un sursaut, se regardèrent sans mot dire et se mirent, la honte à leurs trousses, en quête de leur uniforme et de leur arme.

Personne, à Bugeat, sur le Plateau ni nulle part ailleurs, n'eut connaissance de cet exploit, le plus mémorable de Damien. Ce ne sont pas les deux gendarmes qui allaient s'en vanter, mortifiés qu'ils étaient. Damien pas davantage car, de toute manière, on aurait cru à une vantardise.

A dater de ce jour, Brousse et Duléry cessèrent de le harceler, de le traquer, et même, s'ils le surprenaient en train de marauder, pêchant à la main dans la Vézère ou tendant des collets dans la fougère, ils s'écartaient prudemment comme s'ils avaient aperçu le diable...

J'ignore si ce pouvoir singulier peut se transmettre. Peu avant sa mort, au début des années cinquante, après que Damien m'eut raconté l'histoire de la polka des gendarmes, je lui posai la question. Il fit virer sa casquette sur son front, mâchouilla le tuyau de sa pipe entre ses gencives déchaussées et m'avoua :

– Le diable seul pourrait te répondre, mais je peux te dire, Martial, que, si c'était possible, je ne m'y hasarderais pas. Trop de gens pourraient mettre ce don à profit pour accomplir de mauvaises actions. Ma crainte, c'est qu'on découvre un remède qui produise les mêmes résultats. La science va si vite que je crois la chose possible. Les savants d'aujourd'hui se prennent tous pour des sorciers...

La magnificence des gueux

Dans un village de modestes dimensions comme Saint-Martin où j'exerçais dans ma jeunesse mon apostolat d'instituteur, ce n'est pas la position sociale qui donne l'exacte mesure de la popularité d'un personnage. Le maire, on le tutoie mais on le respecte, comme si la commune en avait accouché le jour des municipales et qu'il faisait partie de la famille ; c'est tout juste s'il n'a pas sa photo sur la cheminée, à côté de celle du fils-qui-est-au-régiment.

L'abbé Delclaux, c'est l'important en second, du moins dans la hiérarchie sociale, mais les gens n'ont avec lui que des relations biseautées. On invite le maire à sa table ; le curé, plus rarement, car il vient de l'extérieur le plus souvent, avec dans sa soutane des relents de séminaire, si bien qu'on ne sait trop quel sujet aborder sans risque d'impairs, et qu'on hésite à lui servir, entre la poire et le fromage, quelque *gnorle* salée.

Bien sûr, au sommet de la renommée, sinon de la popularité, on trouve dans notre commune M. de Bonneuil. Sa demeure ancestrale, perchée sur une colline dominant le bourg, a perdu tout ce qui imposait crainte et respect avant Richelieu et la Révolution. Du châtelain lui-même il ne reste qu'une carapace de chitine translucide et sans prestige, en dépit de son costume tweed trois-pièces, de ses guêtres de chasseur et de son chapeau tyrolien. On n'exhibe cette relique qu'une fois par an, pour la Toussaint. M. de Bonneuil avait été, avant la guerre, au temps des ligues antirépublicaines, la personnalité la plus éminente du canton ; il n'est même plus un symbole.

On compte bien, parmi les notabilités locales, l'épicier, héritier de l'antique *Caïffa*, le patron du bistrot, la boulangère, la petite sœur garde-malade, mais ces personnages, s'ils ont leur importance dans la hiérarchie sociale, ne sont pas pour autant populaires. Sur ce plan, ils sont éclipsés par deux citoyens d'une grande modestie : le Banlève et Fleur-de-nave.

Je le proclame sans vanité : l'instituteur que je suis a aussi, dans les communes de province, une importance capitale, du fait de ses fonctions formatrices et de sa connaissance des familles. On apprécie ses services, on l'aime parfois pour ses qualités particulières ou par ce qu'il représente, car, à la manière des agriculteurs, mais dans un autre domaine, il sème, il arrose, il entretient les jeunes pousses. Ce jardinier des esprits, dispensateur de viatiques pour la vie active, est un personnage respectable et respecté, mais, à Saint-Martin, où j'ai longtemps exercé mon sacerdoce, ce n'est pas le plus populaire.

Que l'on me pardonne cette longue digression préliminaire : une manie qui m'est coutumière, comme de rouler ma cigarette avec ce drôle de bidule à trois sous hérité du rationnement. J'aime qu'il y ait de la matière vive autour du sujet principal. Un récit, ce n'est pas un piquet planté dans le sol, avec rien autour ; ce doit être un arbre auquel il faut de la terre, de l'air, de la lumière, beaucoup d'attentions et de soins, sinon ce squelette d'arbre ne donne que des fruits secs.

Le Banlève et Fleur-de-nave, il me faut, au départ, en parler séparément, comme si rien ne laissait prévoir une destinée partagée. Ils s'étaient rencontrés à l'école primaire de Saint-Martin mais, passé le certificat, ils étaient repartis chacun vers sa chacunière, comme on disait dans le temps.

Le Banlève était de ces personnages dont on dit qu'ils n'ont pas inventé la poudre, l'eau chaude ou le fil à couper le beurre. En fait, il était incapable d'inventer quoi que ce soit d'utile ou de logique. Sa scolarité laïque et obligatoire fut pour lui un temps de vacances forcées. J'ignore ce qui, au long de ces années, a pu pénétrer de savoir derrière ce visage granitique, au regard vide, au sourire béat ; il n'était pas idiot à proprement parler ; il passait convenablement le chiffon sur le tableau, balayait la salle de classe à la satisfaction générale, bourrait et allumait le Godin. Je le payais en indulgences.

Il m'arrivait de le retenir après la classe et de lui dire :

– Alors, Antoine (c'était son prénom), cette *Guerre des Gaules*, qu'est-ce que tu en as retenu ?

Je n'attendais pas de réponse et il n'en venait pas. Avec un haussement d'épaules et des clignements d'yeux, une voix montait d'une citerne vide pour répondre :

– Beuh... rien, *moussur* !

– Vraiment ? Vercingétorix... César... ça ne te dit rien ?

Il rigolait, torchait sa morve d'un revers de poignet.

– César ? *Voueil !* C'est le chien du curé.

Ce *voueil*, ce oui de lassitude et d'ennui, semblait le seul écho susceptible de traverser son désert intérieur afin de me signifier que tous ces impédiments culturels l'importunaient, le laissaient de marbre, qu'à la sortie de l'école il avait ses vaches à ramener, et que cette corvée était d'une autre importance que les démêlés entre Vercingétorix et César. Il fallait le comprendre, et je le comprenais. Un jour, pourtant, je lui dis :

– Ce matin, tu as dormi pendant deux heures après t'être caressé sous ton pupitre. Ça t'ennuie tant que ça, ce que je raconte ? Peut-être aussi que tu ne m'aimes guère...

A ma grande stupeur je le vis tomber à genoux, larmoyant, me prendre la main et la baiser. Outré, je le relevai, protestai que je n'étais pas le Bon Dieu, pas même un de ses apôtres, et qu'il réserve ses effusions à l'abbé Delclaux !

Il n'y avait donc rien à tirer de ce pauvre Antoine. Un roc imperméable ! Même les filles, ces étranges animaux, le laissaient indifférent. Jamais à ma connaissance, comme la plupart des autres garnements au crâne tondu, il n'eut la curiosité de soulever leur jupe ou de les regarder pisser. Il ne pouvait s'enorgueillir, si l'on peut dire, que d'un record, le nombre de ses masturbations quotidiennes. Il semblait intarissable, de jour comme de nuit, au point que sa mère s'était inquiétée auprès de moi de ces mauvaises habitudes ; il lui suffisait de constater que ses draps étaient amidonnés de sperme ; ses semonces et les miennes n'y faisaient rien : ça coulait de lui comme d'une source. S'il ne se glorifiait pas de ses exploits, il en tirait beaucoup de satisfaction.

Antoine n'avait pourtant rien, dans son aspect, d'une brute jouisseuse et même, avec un peu de soin dans sa tenue, il aurait pu passer pour un garçon au physique sinon agréable, du moins banal, avec ses oreilles déployées qui ne recueillaient que du vent, ses épaules osseuses déjà voûtées, ses mains épaisses comme des battoirs à linge et le grand vide bleu de son regard. Baignant en permanence dans une sorte d'ataraxie épicurienne, il caressait indolemment le pourceau qui sommeillait en lui.

C'est plus tard qu'on le surnomma le Banlève, à la suite d'un bizutage rural traditionnel pas très subtil mais assez bénin. Tu choisis un jour de fête, de battages ou de vendanges, alors que les convives sont alignés sur le banc, de part et d'autre de la longue table. Tu places le benêt de service : un Parisien en vacances, un banturle quelconque, au bout de l'un des bancs. Au signal, les gens du complot se lèvent et voilà le pauvre innocent, victime du principe de gravité, les quatre fers en l'air. On le baptise alors le Banlève.

On fit le coup au Toine, personnage idéal pour ce genre de facéties. Il fut le premier à en rire, puis il y prit goût, considérant peut-être cette épreuve comme une marque de familiarité sympathique. On ne l'appela plus Antoine, ou Toine, mais le Banlève.

Avec Fleur-de-nave, dont le véritable nom était Anne Taurisson, c'était une autre affaire. Non qu'elle offrît une image contraire ou très différente de celle de notre imbécile heureux. On pourrait dire qu'ils étaient complémentaires, ce qui, en se révélant au grand jour, allait les mener vers des contrées sereines.

La mixité scolaire était alors, dans nos campagnes, une utopie, notamment aux yeux du curé et des menettes, mais ma collègue de la classe des filles me parlait souvent d'elle, et je pouvais l'observer lors des récréations, à ne rien faire, à ne rien dire, pour la simple et bonne raison qu'elle était sourde et muette, bien que d'esprit éveillé, contrairement au Toine.

Cette fillette au visage tendre et lisse de madone, au regard d'un jaune délavé, comme la fleur de navet qui lui avait donné son sobriquet, dotée précocement d'une poitrine de nourrice et de fesses de dame patronnesse, donnait, en dépit de ses infirmités congénitales, des promesses de bonne épouse, aux maternités généreuses.

A son pupitre de la primaire, elle tissait son monde intérieur avec les bribes de savoir qu'elle puisait dans ses livres et au tableau noir. Comme elle lisait beaucoup pour son âge et dans sa situation (elle était fille de paysans modestes), il devait bien lui en rester quelque chose. Ses cahiers étaient des modèles de tenue et de bon sens ; ils étaient remarquables, sinon par une intelligence exceptionnelle, du moins par une émouvante volonté de s'instruire.

Annette-Fleur-de-nave, un phénomène ? Peut-être, mais en cage. Dans une cage sans porte ? Voire...

Alors que la sexualité du Banlève se répandait généreusement, au propre comme au figuré, sans déranger personne et sans qu'on pût la maîtriser, celle d'Annette connut très tôt quelques problèmes. Rien, dans ses lectures, ne l'avait prévenue contre la malice des garçons. Ce n'est pas dans les œuvres de Perrault ou de la comtesse de Ségur qu'elle aurait pu trouver les moyens de riposter à leur perversité. Un malheur, qui n'avait que de lointains rapports avec ceux de Sophie, lui arriva l'année du certificat, qu'elle passa haut la main, à l'âge de treize ans avec, il faut le reconnaître, l'indulgence du jury.

Son jeune corps bourgeonnant d'appas, sa fraîcheur angélique, son innocence en faisaient une proie facile pour les garçons. Le premier à respirer ces prémices fut son cousin Charles, un garçon de la ville qui passait son temps de vacances en Corrèze, dans la ferme des Taurisson. Il avait seize ans, des manières délurées, fumait des Camel en cachette et passait ses dimanches au cinéma.

Un soir de battage des céréales, alors que la loco fatiguée poussait sa dernière plainte, Annette avait senti monter en elle les premiers élans du désir. Charles lui avait révélé un jeu nouveau pour elle. Dans le fenil, qu'on appelle chez nous la *juque*, il avait fait ce qu'il avait vu au cinéma, en y ajoutant quelques audaces. Elle pleura de douleur avant de gémir de plaisir. Elle venait de découvrir, en l'espace d'une heure volée au repas de battage, toutes les séductions du monde. Rien en elle ne lui faisait reproche de son acte, et pour cause : elle était l'innocence personnifiée.

Après le cousin Charles, il y eut Roger, puis Etienne, puis quelques autres, avant l'ère des exercices de groupe, dans une grange abandonnée des bords de la Vézère. Ces épreuves acceptées durèrent jusqu'au jour où, malmenée par un violent, cette Eve rustique sortit de son nid de terre et de verdure, persuadée que le paradis qu'elle avait généreusement ouvert aux garçons la menait droit en enfer. Informé de ces débordements, le curé n'était pas étranger à cette menace.

Ces péripéties la conduisirent, à titre de victime, devant les juges du tribunal des mineurs, alors qu'elle venait d'avoir seize ans. Elle était, je m'en souviens, toujours jolie de visage mais devenue obèse. Sa mère l'accompagna dans cette épreuve. On parla de fausses couches dénoncées par des voisines, de naissances qui ne figuraient pas sur l'état civil, mais aucune preuve ne permit d'incarcérer l'innocente. Elle en fut quitte pour une semonce et un avertissement.

Semonce... avertissement... Deux mots qui n'avaient guère de sens pour la pauvrette. Elle vivait dans un monde sans péché, où sa mère, les gendarmes, les juges n'avaient aucune part.

Informée du comportement scandaleux de son ancienne élève, ma collègue lui écrivit sur une feuille de cahier le sens de ces mots et leur conséquence redoutable ; par un jeu subtil de circonlocutions, elle tenta de lui expliquer qu'il y avait des actes en apparence anodins mais hautement répréhensibles et qui pouvaient entraîner de graves conséquences.

De ce jour, Annette-Fleur-de-nave adopta le comportement d'une nonne. Lorsque les garçons, assis sur leur Mobylette, tentaient d'attirer son attention en sifflant, elle baissait les yeux sans répondre à leur invite. Les menettes lui mirent la main dessus, la menèrent au curé qui, après avoir tenté sur elle un exorcisme maladroit, essaya de ramener cette brebis galeuse dans le troupeau. Il arrivait comme mars en carême : l'innocente était déjà sur le chemin de la rédemption.

Fleur-de-nave aurait fini son existence auprès de ses parents, à traire les vaches et à gaver les oies, s'il n'y avait eu cette fameuse journée de la fête à Saint-Martin où, d'un même élan irrépressible, basculèrent les destins d'Antoine et d'Annette.

Il existe dans nos campagnes collinaires, au milieu des prairies, de modestes plans d'eau qu'on appelle des *godes*, alimentés par de petits canaux d'irrigation, les *levades*, qui peignent les pentes en longues raies parallèles, comme des chevelures négroïdes. Abreuvoirs pour les vaches, baignoires pour les crapauds et les couleuvres, ces lavoirs rustiques laissent suinter un filet d'eau sauvage qui, partant à l'aventure, traverse la cressonnière, habillé d'un bleu de lessive et d'écume de savon. Sa destinée serait brève sans la rencontre d'un autre filet d'eau descendu d'une colline voisine. De cette conjonction naît un ruisseau, puis une rivière...

C'est cette image banale qui m'est venue à l'esprit lorsque j'ai appris qu'était née entre le benêt et l'infirme une sorte d'attirance mutuelle. Jusqu'à ce jour de la fête votive de Saint-Martin, rien n'aurait pu laisser supposer une idylle ; on en aurait même ri. Il faut croire qu'elle était déjà en gestation et que ces deux ruisselets issus de trous sordides n'étaient pas destinés à se perdre, chacun de son côté, dans une mouillère. Personne, à commencer par moi, n'aurait pu croire qu'ils étaient faits pour se rencontrer et s'entendre, tant ils semblaient promis à une triste fin de célibataires. Eux le savaient peut-être, dans leur subconscient. Paradoxalement, leur marginalité allait être le ferment de leur passion et en faire des personnages *importants* de notre communauté.

Revenons à la fête de Saint-Martin...

Je me mets sur mon trente et un pour aller boire le pastis avec les anciens combattants de la Résistance. La chaude matinée d'août sent la poussière, le caramel et le nougat chaud. Les autos tamponneuses ont commencé leur vacarme, la grande roue de la loterie, son crin-crin, et le stand de tir, sa pétarade. L'église de pierre rose semble sur le point de s'envoler sur l'aile des cantiques. Je roule une cigarette, je l'allume et, à travers la première bouffée de fumée, qu'est-ce que je vois ? Le Toine, assis sur la murette de la place, devant l'église. Méconnaissable ! Jean bien propre, blouson jaune canari, tee-shirt portant la mention d'une université texane, casquette de base-ball à longue visière. Entre ses jambes, qu'il balance nonchalamment, ses mains tiennent un bouquet de roses. A le voir ainsi attifé, on pourrait le confondre avec un de ces garçons qui, pour frimer, viennent faire ronfler leur Mobylette à la sortie de la messe.

Ces roses m'intriguent, et je ne suis pas le seul.

– Ben, mon colon, fait une voix dans mon dos, on dirait que le Banlève attend sa dulcinée !

– D'ici qu'il nous fasse *manger noces...*, reprend une autre voix.

– Ça se fera, ajoute le patron du bistrot, quand les poules auront des dents.

A observer son manège de regard vers le parvis, il devient évident que Toine attend la sortie de la messe, et certainement pas pour aller déposer son bouquet sur l'oratoire de la Vierge. Une ultime bouffée d'harmonium, une allègre sonnerie de cloches et les fidèles commencent à sortir, les enfants les premiers, qui sautent comme par des cabris et réclament une barbe à papa ou un tour de manège.

C'est alors que je vois Toine se lever lentement, épousseter de sa main libre le fond de son jean, ajuster sa casquette, porter son bouquet devant lui, derrière, sur les côtés, comme s'il étudiait une pose pour le photographe. Il monte sur la murette, se dresse sur la pointe des pieds, s'avance jusqu'au monument aux morts, se penche de droite et de gauche pour sonder la foule. De toute évidence il attend quelqu'un. Quelqu'un qui tarde à paraître. Mais qui ?

Annette-Fleur-de-nave.

Tout s'est passé ensuite comme pour un ballet, dans la rumeur de la fête, sur le rythme léger des cloches. Au-dessus des platanes ornant la place, le grand vide du ciel d'août. Autour, la place balayée par un mouvement centrifuge qui a renvoyé les fidèles à leur ferme. C'est ainsi que, de ma chaise, sur la terrasse du bistrot, assis devant mon pastis, j'assiste à la rencontre insolite de deux personnages à la silhouette détourée par une lumière ardente, comme par un rayon laser qui les aurait plaqués sur le mur rose de l'église. Ma cigarette s'est éteinte, mais j'hésite à la rallumer pour ne pas rompre la sorte de magie qui s'exprime dans cette scène et renvoyer les deux acteurs à leur solitude et à la banalité de leur existence quotidienne. Je pourrais me croire seul spectateur d'un événement dont on va parler dans le Landernau, mais nous sommes une vingtaine à l'observer, avec, en sourdine, comme devant un miracle, des *milladiou* et des *putain de sort* !

Fleur-de-nave sort de l'église où elle a fait un peu de rangement dans les chaises et les missels, en bonne enfant de Marie qu'elle est. Un petit rayon de soleil, échappé d'une trouée dans un platane, met de la lumière sur ses cheveux, lisses et brillants comme des ailes de corbeau, et sur son ample robe à pois qui dissimule ses formes généreuses. Elle fait quelques pas sur le parvis, les poings au creux des hanches, s'immobilise au milieu d'une tornade de gamins qui se battent avec des poignées de confetti, souriante comme une ménagère qui, sa soupe sur la table, attend son homme. Que peut-elle bien penser, recluse qu'elle est dans son monde de silence, de cette animation ? Qu'est-ce qu'elle pourrait en dire si la parole lui était donnée ? Elle semble figée entre la lumière et l'ombre qui jouent sur cette effigie de Vénus hottentote promise à des parturitions généreuses. Elle déplace lentement ses rondeurs, avec une sorte de grâce, s'avance jusqu'au milieu de la place en balançant la tête comme un oiseau, avec de petits mouvements de lèvres.

Soudain, elle se fige, laisse ses bras tomber le long de ses hanches, bouche bée. Ce qu'elle vient d'apercevoir et qui a stoppé sa marche, ça ne peut être que Toine. Elle le connaît bien ; ils se voient tous les dimanches, à la terrasse du bistrot où l'innocent se fait offrir un pastis et où elle aide à débarrasser les tables et à ranger les chaises, comme à l'église, sans que l'on ait remarqué entre le benêt et l'infirme le moindre signe d'attirance mutuelle.

Il s'est avancé jusqu'à l'escalier qui mène au terre-plein de la place, proche du monument aux morts. Il a monté les trois marches, s'est immobilisé face à Fleur-de-nave. Un temps distendu à l'extrême, ils restent à s'observer, elle dans sa robe à pois, lui dans sa tenue de rapper de banlieue, dégotée dans je ne sais quelle friperie. Il fait trois pas en avant ; elle en fait trois en arrière. Il avance de nouveau ; elle reste immobile, comme dans l'attente de ce qu'il lui veut. Ce qu'il lui veut, ce n'est que du bien, et ça ressemble à de l'amour. Annette le laisse venir à elle ; il s'agenouille, lui baise les mains, se relève et lui tend son bouquet de roses. C'est beau, c'est émouvant, comme au cinéma. Ça me tire les larmes et aux autres, là, derrière, des *milladiou* murmurés en chaîne. Toine exécute une pantomime, comme un pigeon autour de sa pigeonne ; il lui prend la main, l'entraîne vers le curé qui vient à son tour de sortir de l'église par la sacristie et nous rejoint pour le pastis dominical. Ce que Toine lui dit, je l'ignore ; personne n'en a rien su et ne le saura jamais.

Ce qui est certain, c'est qu'une quinzaine plus tard, alors que l'on recensait la futaille pour les vendanges et que le vieux moût évacuait sa vinasse dans les cours de ferme, le Banlève et Fleur-de-nave passèrent discrètement devant le maire et le curé.

La famille de Toine a cédé aux nouveaux mariés une maisonnette et quelques hectares de bonne terre, à charge pour lui de rafistoler la première et de mettre les seconds en valeur, et, pour elle, de donner à leur exploitation un peu d'agrément. De cette maison ils ont fait un nid, étroit mais plein d'un duvet de tendresse, et de ce nid sont nés des oisillons dont rien ne laisse présumer qu'ils vont hériter des carences familiales. J'allais accueillir quelques années plus tard, dans ma classe, deux de leurs garçons. Dès les premières semaines, ils ont satisfait aux espoirs que j'avais placés en eux et sont devenus les meilleurs de mes élèves.

Dans les repas festifs traditionnels regroupant les habitants de Saint-Martin, le Toine ne se place plus en bout de banc mais revendique le milieu, d'autorité : une place que personne ne songe à lui contester. Le troisième enfant né du jeune couple a été une fille, une petite merveille qui avait grappillé ce qu'il y avait de meilleur et de bien caché chez ses géniteurs. Elle ne partira pas dans l'existence, le moment venu de faire ses preuves, avec une bourse bien pleine mais avec une tête bien garnie et elle ira loin, je suis prêt à m'en porter garant.

Aujourd'hui, les habitants de Saint-Martin vous diront que les personnages les plus *importants* de la commune, plus que le maire, le curé, le châtelain et l'instituteur, ceux dont on parle le plus volontiers, en dehors des journaux, c'est le couple que forment le Banlève et Fleur-de-nave. Je devrais dire Antoine et Annette, car plus personne aujourd'hui ne les désigne par ces sobriquets. Cette importance se mesure à l'aune du sentiment, sans qu'il soit besoin d'être natif de Monaco ou de Westminster et d'avoir chaque semaine, dans les magazines parisiens, son nom et sa photo.

Comme l'écrivit Montaigne : *Les gueux ont leur magnificence...*

Une noce pour rien

Je proclame souvent que je n'aime guère l'été, mais il serait plus judicieux de dire certains étés, et en vertu de certaines dispositions de ma nature. En cette saison, on n'est plus vraiment maître de soi ; le soleil gouverne en souverain absolu, de l'heure où il se lève à celle où il se couche ; il décide que l'on ira ici ou là, ou que l'on n'ira nulle part ; on en est tributaire, prisonnier, esclave.

Cela pour dire que je me serais bien passé de me rendre au mariage de Christophe et de Delphine car il coupait en deux une matinée que j'avais décidé de consacrer à mon herbier. Le soleil – en fait, son absence – a pris la décision à ma place. La journée torride de la veille avait fait place à un orage nocturne et, le matin, à un temps doux et léger, avec des délicatesses de porcelaine sur les lointains de l'Auvergne. C'était comme une invitation comminatoire à me rendre à ce foutu mariage. Ma conscience confirmait l'obligation de cette corvée : Christophe, un de mes anciens élèves, m'avait adressé un bristol orné d'une image obsolète représentant deux amoureux de Peynet, main dans la main, entourés d'un vol de colombes. Je n'avais pas l'excuse de la chaleur pour justifier mon absence.

Christophe n'a pas laissé dans ma mémoire un souvenir inoubliable, au point que je me souvenais à peine de son apparence physique et pas du tout de ses performances, qui n'étaient guère brillantes sans doute. Il m'arrivait de le croiser sur des marchés, des foires ou des comices où il venait de récolter les diplômcs qui allaient consteller de plaques de métal les portes de son étable et de sa bergerie.

Aujourd'hui, dans une de ces antiques chapelles de granite, couvertes de lauzes, d'allure celtique, dressées au milieu des rochers et des champs de genêts, non loin de Peyrelevade, Christophe va épouser Delphine Brousse, ou du moins les quelque cinquante hectares de seigle, de douglas et de tourbière qui constituent sa dot. Cette adjonction de territoire fera du domaine de Christophe une petite principauté rurale, l'une des plus opulentes du Plateau.

Je ne connais pas la mariée, la *novi*, comme on dit chez nous. Je crois qu'elle travaille à la Poste de Tulle, après une enfance passée dans les parages du bourg de Millevaches.

Bref : je referme mon herbier, me rase, fais un brin de toilette avant de me mettre sur mon trente et un : cravate, chapeau noir, souliers vernis et tout le saint-frusquin. Le maître d'école se doit de faire honneur à son ancien élève. Un moment, la clé du portail à la main, je reste debout à regarder vivre mon village à l'heure des vacances, avec des musiques de radio à pleines fenêtres et des rires d'enfants dans les jardinets. Combenègre n'est éloigné de la chapelle où doit avoir lieu le mariage que de trois kilomètres, que je ferai à pied, en passant par les *escourssières*. C'est le soleil qui a décidé à ma place : de sous la couette de nuages où il fait la grasse matinée, il me suggère d'aller à pied. J'en aurai largement le loisir, à condition de ne pas m'attarder à herboriser, en oubliant le temps qui passe, comme j'en ai l'habitude, mais j'ai prévu large quant à l'horaire. Je risque pourtant, si je n'y prends garde, d'arriver en retard, cloches sonnées. Il a suffi de l'attirance perverse, de la séduction magique qu'exercent sur moi des espèces comme la linaigrette ou le drosera, pour que je m'aventure dans la tourbière malgré mes souliers du dimanche qui me font peiner sur les *touratons*, ces crêtes de terre hérissées d'herbe jaune. Au retour, j'enfermerai quelques spécimens de ma cueillette dans un de ces sacs de plastique qui ne me quittent jamais dans mes balades.

La cloche de la chapelle me prévint d'avoir à forcer l'allure si je ne voulais pas arriver après la bénédiction.

Lorsque, par le sentier de chèvres qui se glisse entre des roches en forme de mégalithes, j'arrivai en vue du petit sanctuaire, la cérémonie venait tout juste de commencer. Je respirai. Il ne restait sur le parvis de terre nue et d'herbe foulée qu'un quarteron de récalcitrants, de ceux qu'en généralisant on appelle des communistes et qui vont attendre au bistrot la sortie de la messe.

Je serrai quelques mains libertaires, essuyai quelques regards ironiques : un instituteur laïque qui va se commettre avec la bigoterie locale, voilà qui a de quoi surprendre.

Je conviens volontiers que ma place serait plutôt auprès d'eux et non dans cet édifice religieux où je ne me rends d'ordinaire, cuirassé d'un laïcisme intransigeant, que pour le plaisir du silence, de la fraîcheur de la pierre, et poussé par une vocation d'archéologue amateur. Aujourd'hui, j'ai commis une entorse à mes principes. Que les mânes du grand Jules me le pardonnent...

Me voici dans le saint des saints, mon chapeau sur le ventre, les jambes lourdes de fatigue. Il fait presque froid sous ces voûtes qui menacent ruine. La pierre séculaire sue son humidité et son odeur de salpêtre qui se mêle au parfum des bouquets de fleurs fraîches et des eaux de toilette. Unc fillette costumée en ange me tend un dépliant composé sur ordinateur, en noir et blanc, sur lequel je jette un regard distrait avant de le glisser dans ma poche.

Première surprise de cette journée qui allait en être fertile : l'officiant n'est autre que mon vieil ami et camarade de classe à Combenègre, Amédée Combarel. Il s'est retiré il y a quelques années à la maison de retraite, d'où on l'a extrait pour satisfaire à une exigence de la famille de la mariée et par faveur spéciale de l'évêché. Le blanc immaculé de l'aube, les dorures de l'étole lui donnent un regain de jeunesse ; les poils gris qui lui sortent par épis des oreilles et des narines, la barbe qui fleurit son menton et ses joues d'une broussaille généreuse, sa chevelure encore abondante lui donnent l'allure d'un prophète. C'est un ministre *en majesté*, comme on dit du Christ.

Je retrouve la chapelle aussi dépourvue de mobilier qu'elle l'est d'ordinaire. Hormis quelques vieux et les membres les plus proches des deux familles, assis sur des bancs et des chaises apportés là pour l'occasion, toute l'assistance est debout.

Je suis arrivé assez tôt pour la première séquence de la cérémonie : le chant d'entrée porté sur le programme : *Seigneur, que tes œuvres sont belles, que tes œuvres sont grandes*... Dans le jour blafard qui suinte des vitraux d'un gris cistercien, rayés par le vol des martinets ou des hirondelles, la chapelle est plongée dans une ambiance de crypte. Sur un côté de l'autel, dominé par le retable en bois peint récemment restauré, escaladé par les anges joufflus du XVIe siècle, figurent les instruments de la Passion réalisés à la fin du siècle dernier par un forgeron de Tarnac. Ils ont échappé à la convoitise des vandales et se présentent comme une exposition de vieux outils pour kermesse paroissiale. De part et d'autre de la nef, sous les images grimaçantes d'un bestiaire médiéval, ont été posés les baffles du dancing *L'Ile d'amour*, qui distillent une musique douceâtre.

La voix d'Amédée barytonne le final du chant d'entrée : *Seigneur, tu tiens le registre des peuples et en toi chacun trouve ses sources.* Ce dernier mot fait resurgir en moi une image toute fraîche : celle de la source où, tout à l'heure, j'ai repéré un magnifique bouquet d'épilobes. Il a toujours été fier, mon ami curé, de sa voix ample et profonde. Quand on l'invite aux repas de famille, il débite sans une fausse note *Le Vin de Marsala* et la *Madelon.*

Il vient d'annoncer la première lecture quand le bedeau l'interrompt : Amédée a omis la prière du célébrant qui, dans le programme, fait suite au chant d'entrée. Il s'esclaffe bruyamment, bredouille une excuse, dit sa prière et donne ensuite la parole au garçon d'honneur qui s'accroche au pupitre pour lire un texte du poète corrézien Louis Chadourne : « Instant ».

Je voudrais que notre amour
Pût tenir en une parole
Je la redirais jusqu'à l'aube...

Le micro capricieux crache un larsen intempestif. Le technicien de *L'Ile d'amour* se précipite, l'échine basse, manipule le dispositif acoustique et balaie l'assistance d'un sourire navré. Le récitant reprend le fil du poème :

Je voudrais que notre amour...

Nouveau larsen en rayure de diamant. Autour de moi on étouffe des rires ; un enfant se met à vagir. On explique à Amédée qui, avec l'âge, est devenu sourd, que le micro a des ratés. Il bat des ailes, l'air consterné d'une diva à laquelle on annoncerait que le chef d'orchestre vient d'avoir un accident de voiture.

Miracle ! Le récitant peut enfin aller jusqu'au bout du poème :

Je voudrais qu'il fût à la fois
Toute sa douleur et toute sa joie
Un instant d'homme et d'éternité
La vie et la mort tout ensemble...

J'ai présumé de mes forces : ma longue randonnée a épuisé mes vieilles jambes. Je cherche en vain, autour de moi, de quoi m'asseoir. Il y a bien l'enfeu, mais il est occupé par des enfants parés comme des angelots auxquels on aurait coupé les ailes, qui manipulent leur Nintendo d'un air absorbé.

Entre l'alignement des têtes, je distingue mal les deux fiancés qui, eux, ont la chance de pouvoir rester assis. Christophe a bien changé et, de plus, il porte des lunettes, ce qui ne laisse pas de me surprendre car, à ma connaissance, il a toujours joui d'une vue excellente.

Egaré dans son programme, Amédée enchaîne avec un chant, *Trouver dans ma vie ta présence :*

Tenir une lampe allumée
Choisir avec toi la confiance
Aimer et se savoir aimé...

Un brouhaha se répand autour de moi. L'enfant pleureur fait un nouveau caprice et urine si près de mes souliers qu'ils en sont aspergés. La voix étouffée de la mère :

– Petit sale ! Je t'avais bien dit de faire pipi avant d'entrer...

En surimpression à cette réprimande triviale, la voix du récitant aborde la deuxième lecture, intitulée *Bâtir sur le roc* :

Comme les disciples étaient rassemblés autour de Jésus, sur la montagne, il leur dit : Il suffit de me dire : Seigneur, Seigneur, pour entrer dans le royaume des Cieux, il faut faire la volonté de mon Père qui est aux Cieux...

Le micro récalcitrant crachote de temps à autre un larsen ironique. Amédée semble somnoler : la fatigue consécutive à une longue station debout et sans sa canne, l'ambiance de la messe, à laquelle il n'est plus habitué depuis des années, ou la chaleur moite émanant des corps pressés en grappes sous ces voûtes basses semblent l'avoir anesthésié. Pareil au stylite par grand vent, il chancelle et menace d'interrompre l'office.

Une intrusion soudaine le tire de sa léthargie : un photographe de *La Montagne*, vêtu d'un tee-shirt et d'un jean, vient de surgir à pas feutrés. Il manipule ses appareils, déclenche des flashes qui font sursauter et s'exclamer l'assistance. Cela me rappelle que le frère de la mariée est une notabilité politique dans le département.

Le photographe disparu, l'homélie du célébrant va débuter : il s'agit d'un texte standard qu'Amédée connaît par cœur mais qu'il va mener à son terme péniblement, empêtré dans des phrases filandreuses. Les derniers mots se perdent dans l'indifférence générale, et l'échange des consentements semble, sur fond de musique douce, n'intéresser que les deux héros du jour.

La suite du programme comporte une partie chantée par un garçon d'honneur, guitariste au groupe Libre Exchange, de Bugeat. Col à la Elvis, catogan, perle aux narines, il débite un air *country* et enchaîne avec un hommage vibrant à Delphine.

Décidément, Amédée m'inquiète. Adossé à l'autel, les yeux clos, comme absent, il soliloque avec un mouvement de balance d'avant en arrière. J'imagine l'émotion qu'il susciterait s'il s'écroulait là, raide mort, foudroyé comme Thomas Becket à Canterbury, et le bruit que l'événement ferait dans la presse et les médias. Une belle fin ? Peut-être. Celle qu'il doit souhaiter ? J'en suis convaincu.

Je chasse ces idées noires. Appuyé à une colonne, j'assiste de loin à la prière des mariés et au Pater noster. Après la formule rituelle : *Veux-tu être mon épouse ? Oui, je te reçois comme mon époux*, et la réponse de la mariée, dans les mêmes termes, j'assiste à la venue de trois bigotes séniles, sortes de vierges inexpugnables, qui s'installent sur le bas-côté de l'autel. Elles écorchent l'*Ave Maria* de Schubert que l'assistance reprend en chœur, tandis que le célébrant se propulse à pas hésitants d'un bord à l'autre de l'autel, comme une âme en peine cherchant la porte de sortie du Purgatoire.

Au brouhaha qui naît et se répand, je devine que la cérémonie touche à sa fin. Devant moi les têtes s'agitent comme des phragmites sous une bourrasque, avec le même murmure obsédant. Les visages se détendent. Les enfants laissent échapper leur impatience. Le bébé pleureur reprend sa charamelle avec des accents pathétiques et s'arrête brusquement pour me fixer d'un regard ébahi, un doigt dans sa bouche baveuse.

Il est temps pour moi que l'épreuve s'achève. En songeant aux tables qui, dehors, entre les genêts en fleur, attendent les invités pour l'apéritif, je sens la faim sonner la charge dans mon ventre. On procède aux signatures des témoins, tandis que ruisselle des baffles, en tornade joyeuse, la *Marche nuptiale*.

Les mariés sont très entourés. On se congratule, on serre des mains, on plaisante sur les futures prouesses de l'époux. Sa mission achevée – la dernière, peut-être, d'un long ministère –, Amédée sourit aux anges, apostrophe quelques vieux compagnons de la communauté chrétienne : deux-pièces étriqué, échine basse, visage tanné de paysan. Soudain, alors que son regard se porte vers le fond de l'église, il s'exclame, les bras en croix :

– Martial, toi ici ! Le vieux mécréant est venu apporter son repentir au Seigneur ? Allons, approche, brigand !

Des visages se tournent vers moi et semblent solliciter ma présence dans le groupe formé par la parentèle, les témoins et les amis. Il faut bien que j'obtempère, ne serait-ce que pour complimenter Christophe, embrasser la mariée, saluer l'adjoint au maire et quelques vieilles connaissances. On s'écarte pour me livrer passage, on s'exclame joyeusement, on me tape sur l'épaule. Amédée vient à mes devants, me presse contre sa poitrine, me dit :

– Viens faire ton compliment aux *novis*. Ce sont tous deux tes anciens élèves, tu te souviens ?

Depuis le temps que je n'ai pas rencontré Christophe, je ne le reconnais plus : ce visage tanné, vieux avant l'âge, ces lunettes, cette courte barbe ne lui ressemblent guère. Quant à la mariée, c'est peut-être une de mes anciennes élèves, mais j'ai dû l'avoir toute petite, car je ne me souviens plus d'elle.

– Christophe, dis-je après avoir embrassé la mariée, je te remercie de ton invitation, et je suis heureux que toi et Delphine...

Christophe m'adresse un drôle de regard et sourit. La mariée met une main sur sa bouche en signe de surprise.

– Attends, s'écrie Amédée, à qui crois-tu t'adresser? Ce garçon n'est pas Christophe. Il se nomme Pierre Boucharel, et la mariée est Denise, la fille des Rouchaud.

Pris dans un faisceau de regards ironiques, je me sens blêmir de confusion et triture la bordure de mon chapeau en balbutiant :

– Par exemple ! vous n'êtes pas... Mais alors...

Amédée vole à mon secours dans un rire sonore, s'exclame :

– ... Mais alors... mais alors, grand couillon, tu t'es trompé de mariage ! Christophe et Delphine, c'est la semaine prochaine qu'ils se marient, ici même, mais sans moi. L'âge et la fatigue, tu comprends ?

Il claironne à la cantonade :

– Ce pauvre Martial, je crois qu'il est en train de perdre la boule ! Sorti de ses grimoires et de ses herbiers, rien n'a d'importance pour lui.

Les murs de la vieille chapelle retentissent de rires et d'exclamations ironiques. Cet incident burlesque va faire, j'en ai la conviction, le tour de la commune, peut-être du canton ; je vais être l'objet de lazzis de la part de mes amis, de mes voisins, de mes anciens élèves. Heureux si quelque esprit pervers n'en informe pas le quotidien régional ! Ma réputation d'étourdi va se confirmer.

– Qu'à cela ne tienne ! me dit le père de la mariée, Vous êtes le bienvenu. C'est même un honneur pour nous de recevoir notre ancien directeur d'école. Soyez donc des nôtres pour l'apéritif et le repas. Cela nous ferait plaisir.

J'accepte. Une coupe ou deux de mousseux ou de champagne, quelques amuse-gueule, un repas de noce dans la salle des fêtes ou la grange des Rouchaud, cette perspective n'a rien pour me déplaire, d'autant que midi approche et que la faim continue de me harceler.

Je suis revenu à Combenègre tard dans la soirée, alors que le soleil plongeait derrière les puys. Ce maudit soleil qui m'a joué un si mauvais tour... Un peu pompette, car le vin de Bordeaux était généreux, je me suis attardé dans la tourbière de Masfrangeas. A l'aller, j'y ai repéré un nid de drosera, cette fascinante plantule dévoreuse d'insectes. Quelques spécimens enrichiront mon herbier...

Naissance et fin d'un génie

Je ne sais au juste ce qui me fait penser que Fernand aurait pu avoir du génie. Enfin, une sorte de génie, quelque talent qui pouvait en avoir l'apparence. Une *allure*, comme on dit, mais dans son comportement quotidien, ou dans ses œuvres, rien qui puisse dissiper ma perplexité.

Son physique était pour le moins singulier. Ce n'est pas sans raison que ses camarades de classe l'appelaient *Ficelle*. Il n'aurait pu passer par le chas d'une aiguille car, s'il avait le corps d'une minceur étonnante, sa tête était de fortes dimensions et son bedon proéminent. Ce qui frappait de prime abord, c'était le front. Dans le village de Magimel, en basse Corrèze, les gens se demandaient d'où lui venait cet attribut physique qui lui donnait une allure de philosophe, et ce crâne qui semblait avoir été modelé à sa naissance, comme les Gaulois le faisaient jadis pour donner à la tête de leurs rejetons des allures chevalines. Ce front... on ne voyait que lui et l'on se demandait ce qui, derrière, pouvait germer et s'épanouir d'idées et de pensées insolites ou subversives.

Jamais, jusqu'à l'âge de vingt ans, Fernand n'avait laissé présager par ses dons une carrière de polytechnicien ou d'artiste. Il était d'ailleurs le premier à s'en moquer, car il a toujours manqué d'ambition. Le mot même lui était étranger.

Je l'ai rencontré assez souvent pour me faire une idée de la nature de ce personnage et des espoirs que l'on pouvait ou non fonder sur lui. Sa mère était directrice d'école au village dc Magimel, et moi dans un bourg voisin. Je parcourais à bicyclette, les quelques kilomètres qui m'en séparaient, sans montrer une assiduité excessive afin de ne pas donner prise aux ragots ; nous étions tous deux célibataires, de la même promotion, et il aurait pu en résulter une aventure sentimentale, ce que nous avons évité implicitement.

Anna était ce qu'on appelait à l'époque une fille mère. Je n'ai jamais cherché à savoir qui était le père de ce singulier produit d'une rencontre : Fernand. On aurait pu supposer qu'elle avait été violée par un martien, une nuit, au coin d'un bois. Elle était trop discrète pour m'en parler, trop timide peut-être. Nos rapports se bornaient à des échanges d'expériences de pédagogie en milieu rural.

Je puis dire que Fernand a été élevé par sa mère comme une plante de serre de nature insolite et fragile, sans qu'elle renonçât à de confuses ambitions en rapport, peut-être, avec l'étonnante apparence physique de son fils.

Dans cette perspective, Anna donnait au petit Fernand des cours du soir, mais n'obtenait que des résultats médiocres. Elle me confiait à ses moments de lassitude et de désespoir :

– Je ne sais que penser, Martial. Je suis convaincue que Fernand est doué, mais j'ignore encore pour quelles matières. Il semble s'intéresser plus particulièrement au dessin et à la peinture, mais de là à en déduire une vocation...

Je demandai à voir les essais de Fernand, que sa mère avait rangés dans un carton vert à coins noirs, noué par des liens d'étoffe. Elle jugea bon de me prévenir que ces *œuvrettes* relevaient d'une *inspiration morbide*. Je feuilletai ces liasses et restai sans voix.

Ce garçon de treize ans, à la limite du handicap mental, avait choisi les sujets de ses dessins et de ses aquarelles, décors et personnages, dans son entourage immédiat, mais, au lieu de les reproduire servilement, comme un élève ordinaire, il les avait enfermés dans un univers à la Jérôme Bosch : des êtres monstrueux, vêtus de costumes d'opéra, se livraient à un sabbat débridé. Sur un autre feuillet, on reconnaissait l'épicière à son ventre en forme de courge, escaladée par une grappe de nourrissons gras et roses qui se disputaient ses mamelles de Junon hottentote. Une troisième œuvre mettait en scène le boulanger coiffé, je ne saurais dire pourquoi, d'un casque de Viking, en train de caresser une fillette assise sur son genou. « Tiens... tiens..., me dis-je, j'en apprends des choses ! » Je souris en voyant l'épicier courir au milieu d'une meute de chiens derrière une femme qui ressemblait à la patronne du bistrot.

Je retrouvai ma voix pour bredouiller :

– Etrange... Surprenant... Le dessin est encore maladroit, la couleur excessive, mais le don d'observation, la composition des scènes sont d'un véritable artiste. Avez-vous montré ces œuvres à quelqu'un d'autre ?

Elle m'affirma que j'étais le premier et le seul, qu'elle n'osait montrer ces... – je craignis qu'elle ne dise le mot *horreurs* mais il lui resta sur les lèvres –, qu'elle en avait honte. Elle m'avoua son intention, si Fernand persévérait dans cette voie, de lui interdire l'exercice de son art, avec confiscation autoritaire de sa panoplie d'artiste. Je l'en dissuadai.

– C'est bel et bien une vocation, dis-je. D'où cela peut-il lui venir ? Ce goût du fantastique, ce réalisme, cette vigueur... Où a-t-il puisé tout ça ? Vous lui avez fait visiter des musées, consulter des albums de reproductions ? Il faut bien que cette inspiration lui vienne de quelque part !

– Je l'ignore, me répondit Anna. Ni musées ni album. Tout se passe dans sa tête, et c'est ce qui m'inquiète. Son comportement est bizarre. Il ne se mêle pas à ses petits camarades à la récréation, ne partage pas leurs jeux, reste tapi sous le préau, à les observer, son carnet de croquis sur les genoux. Il ne se montre violent que lorsqu'on vient le déranger, et là il est capable de mordre ! Je ne sais que penser. Il m'inquiète.

Je rassurai Anna de mon mieux, tentai de lui faire admettre que le talent de son fils était incontestable et qu'il fallait le laisser mûrir avant de le condamner pour perversité. Je voyais derrière les apparences une sorte d'innocence.

Dans les mois qui suivirent cette révélation d'Anna, je constatai une évolution dans le talent du jeune artiste : son dessin était plus maîtrisé, ses couleurs moins agressives ; son inspiration n'avait rien perdu, au contraire, de sa fantaisie débordante. Je me demandai si le talent que j'avais subodoré n'était pas l'annonce du génie.

Avec la permission d'Anna, je tentai d'extraire de cette gangue de mystère qu'était Fernand quelque propos qui pût m'éclairer sur la nature précise de ses dons. Je l'interrogeai sans déployer l'arsenal de la terminologie pédagogique et n'en tirai rien : il haussait les épaules, éclatait bêtement d'une sorte de hennissement. Rien n'émergea de cette tentative. J'en conclus, un peu hâtivement, que ce front démesuré n'abritait qu'une nature d'hydrocéphale et que l'on ne pourrait rien en tirer que des œuvres abracadabrantes.

Un petit drame éclata le jour où Anna découvrit, sur la table du modeste atelier de Fernand, une aquarelle qui lui fit monter au front le rouge de la honte : elle représentait une scène de copulation entre l'épicier et la femme du bistrot, qui avaient figuré dans une œuvre précédente. Le jeune artiste avait dû observer cette scène au cours d'une promenade autour de Magimel, car on reconnaissait le clocher et le donjon en fond de décor. Cette œuvre, qu'Anna se hâta de me montrer, en même temps qu'elle me révélait son désarroi, rappelait, par la dimension des sexes, les estampes japonaises, les dessins érotiques de Cocteau ou de Picasso.

Anna m'attira dans son jardin et se mit à pleurnicher. Entre deux reniflements pathétiques, elle me dit .

– Martial, je crois... je crois que j'ai donné naissance à un monstre.

Je tentai maladroitement de la rassurer.

– Un monstre ? Vous exagérez. Dans cette œuvre, comme dans les précédentes, Fernand s'est posé en témoin, non en voyeur. Comme beaucoup d'artistes, il est en quête de vérité : les Flamands, Jacques Callot, Daumier, Courbet et tant d'autres. Il n'y a pas chez lui un phénomène de perversion, mais d'innocence.

Ces laborieuses arguties lui passèrent par-dessus la tête. La honte l'emporta chez elle sur la lucidité. Elle laissa éclater sa colère après avoir épanché son chagrin, m'affirma qu'elle allait mettre un terme aux débordements de son fils, lui interdire la pratique d'un art diabolique.

Elle allait le conduire chez le médecin, voire le psychiatre, et elle le surveillerait de près.

Persuadé qu'un conflit familial n'allait pas tarder à éclater et que je n'aurais pas à m'en mêler, je n'insistai pas, laissai mûrir l'orage et n'en recueillis que des échos unilatéraux, ce pauvre Fernand étant bien incapable d'élaborer un plaidoyer comme la moindre contestation verbale. Etait-il seulement apte à comprendre la réaction de sa mère, la nature de ses diktats ? Il baissait la tête sous la bourrasque, faisait la bête mais ne renonçait pas : cette apparence de résignation semblait cacher une volonté inébranlable, consciente ou non, d'assumer sa vocation de témoin angélique et d'artiste empirique.

Lorsque Fernand, à quatorze ans, obtint son certificat d'études, après deux tentatives infructueuses, en dépit des leçons particulières, Anna laissa éclater sa joie : elle n'y croyait plus, se disait qu'elle avait accouché non d'un monstre mais d'un imbécile, ce qui, pour la directrice d'école qu'elle était, faisait tache.

Durant les grandes vacances, elle tint Fernand sous sa coupe et, pour lui permettre de donner libre cours à sa passion, l'autorisa à exécuter des paysages et des scènes de la vie rurale, dans la manière de Millet, dont elle admirait *Les Glaneuses*. Je les rejoignais sur les berges de la Dordogne proches de Magimel, sur les places de Beaulieu, de Curemonte, de Turenne ou de Collonges-la-Rouge, elle assise sur un tabouret pliant, occupée à tricoter, lui debout devant le chevalet qu'elle lui avait offert pour le récompenser de son succès au certificat. Il semblait indifférent à ce qu'il faisait mais le faisait convenablement, avec, ici et là, quelque fantaisie de pinceau que la marâtre réprimait d'une voix aigrelette.

Un jour, alors que Fernand venait d'exécuter une image panoramique du site de Turenne, Anna me déclara d'un air réjoui :

– Je crois que mon garçon est sur la bonne voie. Que pensez-vous de ce pastel ? N'est-il pas joli à croquer ?

Je cachai mal ma déception et répondis d'une voix embarrassée :

– Ma foi... euh... je constate quelques progrès. Le trait est encore peu assuré, mais la couleur...

– Oui, je sais... la couleur... Il a la manie de la forcer. Ce toit, par exemple, sous la Tour de César... Vous le voyez bleu, vous ? Et cet arbre rouge ? Et ce pignon couleur de caramel ?

– Vous vous méprenez sur mon opinion, Anna. Je trouve au contraire que ces couleurs donnent du relief à l'ensemble qui, sans ces outrances, aurait été un peu plat. Pensez aux impressionnistes, aux fauves, aux nabis. Votre fils peint non ce que nous voyons, mais ce qu'il voit. S'il voit ce toit en bleu, c'est que, dans sa vision à lui, il est de cette couleur. Gauguin ne réagissait pas autrement devant un paysage de Bretagne ou des Marquises.

Je venais, par quelques paroles banales, de revaloriser Fernand aux yeux de sa mère. Lui parler des impressionnistes, de Gauguin, dut la faire fantasmer.

C'est à quelque temps de là qu'elle prit une décision lourde de conséquences : faire une exposition des œuvres de son fils, comme un promeneur le lui avait suggéré, au cours de l'été, sur une place de Collonges où Fernand avait planté son chevalet. Elle ne voulait pas que cela se fît n'importe où, dans la salle polyvalente notamment, qui, à ma connaissance, il est vrai, n'avait jamais été un gynécée de génies. Elle visa plus haut : le château de Magimel. Elle connaissait bien le propriétaire, secrétaire d'un magnat du pétrole, qui l'avait racheté quelques années auparavant à des nobles décavés. Xavier Duroux accepta d'ouvrir à l'artiste une grange récemment restaurée, dont il avait fait une salle de jeux, et laissa Anna libre d'organiser l'événement à sa convenance.

Anna se démena comme un diable en jupon pour informer la presse et les médias, convoquer le ban et l'arrière-ban de la bonne société magimelloise, poser des affichettes rédigées de sa plus belle main chez les commerçants du bourg et des environs. Elle crut me faire honneur en me sollicitant d'un ton comminatoire pour que je préface le catalogue offert par la fabrique de fromage du bourg. Elle y ajouta un CV qui ne brillait guère par son éclat, et une reproduction en noir et blanc d'une *Verte douceur des soirs sur la Dordogne*, le chef-d'œuvre du petit prodige.

– Oh, quelques lignes seulement, dit-elle. Pour vous, ce n'est rien, Martial, vous avez l'habitude.

L'habitude ? C'était beaucoup dire. Correspondant de la presse régionale, j'avais eu à diverses reprises à rendre compte d'expositions d'aquarelles de vieilles dames plus habiles au tricot qu'à la peinture. J'acceptai cette corvée et y allai de ma louange, sans lésiner sur les termes, avec une affirmation péremptoire : il y avait dans ces œuvres du Gauguin et du Van Gogh. Anna me remercia d'une larme d'extase et d'une promesse : si toutes les œuvres ne se vendaient pas, elle me ferait don de la vue de Noailles que j'avais tant appréciée.

Le jour du vernissage, il y avait foule au château : des vacanciers principalement qui, ayant épuisé les charmes rustiques de la contrée, n'avaient d'autre alternative que la baignade ou la télévision. Les autochtones, quant à eux, s'abstinrent dans leur quasi-totalité : ils ne prenaient pas au sérieux le talent de Fernand-Ficelle et les prétentions de son manager.

Anna veilla personnellement à la présentation des aquarelles et des gouaches ; elle les suspendit par des épingles à linge, sans cadre ni sous-verre pour éviter une dépense fastidieuse, le long des anciens cornadis et des murs. Elle garnit une table, dressée sur des tréteaux prêtés par le châtelain, de gâteaux secs, de cacahuètes et de vin paillé qu'elle servit dans des gobelets de carton, avec, au centre, planté dans une antique cruche à huile de noix, un bouquet de fleurs des prés, de roses de son jardin et d'épis de seigle.

Elle donna lecture, la gorge contractée par l'émotion, d'un petit discours que j'avais rédigé en plus de la préface, puis elle laissa la parole au maire, au chef de cabinet du sous-préfet et à un ancien ministre décati mais vénéré.

Quelle ne fut pas ma surprise en apprenant que Fernand vendit ce jour-là, et dans ceux qui suivirent, une dizaine d'œuvres : un succès dû, je présume, moins à leur qualité qu'à leur prix modique. J'héritai de la vue de Noailles, qui n'avait pas trouvé d'amateur. Elle est encore dans mon garage. Celles qui avaient trouvé un acheteur finiraient, pensais-je, dans le couloir d'une résidence secondaire, sous verre, comme dans un cercueil transparent.

Avec l'argent de ces ventes, Anna acheta une bicyclette à son fils.

Une autre surprise, et de taille, m'attendait au cours de ce vernissage. Xavier Duroux m'attira à part pour me dire :

– Je ne sais que penser de ce jeune artiste que vous qualifiez de *prodige* dans votre préface. Son œuvre ne change guère de ce que nous voyons souvent dans des cérémonies identiques. Je reste cependant confondu par la précocité de cet artiste – quinze ans ! – et par certains détails, notamment le choix et l'utilisation des couleurs, qui révèlent une certaine audace. Je décèle une amorce de personnalité chez lui. Et comment se fait-il que tout ce qu'il peint soit surdimentionné par rapport à la réalité ? Il semble que la simple logique des volumes se heurte chez lui à un impératif de transcendance. Est-ce que je me trompe ?

– Nullement, monsieur Xavier ! Vous avez vu juste, et je reconnais bien dans cette appréciation l'amateur d'art éclairé que vous êtes. Il est dommage que ce talent soit maîtrisé par une autre volonté que la sienne.

– Vous voulez dire par sa mère ? Ma femme la reçoit au château, mais je la trouve insupportable de sottise et de fatuité.

Je défendis ma collègue de mon mieux, mais révélai à Duroux le pot aux roses : l'inspiration ésotérique de Fernand, son œuvre secrète qui avait en partie échappé à la censure maternelle et qui témoignait d'un talent insolite dans le genre fantastique.

– Ma conviction, ajoutai-je, est que Fernand est *habité*. Il doit abriter en lui deux personnages très distincts : celui que vous voyez dans le fond de la salle, en train de se gaver de gâteaux secs, un élève pitoyable, incapable de s'expliquer sur ses conceptions de la peinture ; l'autre, une sorte de petit génie qui lui fait commettre ce que sa mère appelle des *horreurs*. Certains vous parleraient d'un phénomène de métempsycose, d'une réincarnation des génies novateurs...

– Curieux... vraiment curieux... Ce que vous me dites me donne une idée. Je vais la laisser mûrir et ne manquerai pas de vous en informer le moment venu.

Xavier Duroux prit largement le temps de la réflexion. Des mois passèrent sans qu'il me donnât de nouvelles de son projet, si bien que je finis par me dire qu'il était passé à la trappe.

Le modeste succès de son fils avait stimulé Anna. Après avoir douté de son talent, voilà qu'elle le portait aux nues.

– Je me disais naguère, me confia-t-elle, que Fernand serait un fruit sec et que je l'aurais à ma charge jusqu'à la fin de mes jours. Puis j'ai réfléchi : je vais lui faire suivre des cours de dessin et de peinture par correspondance et tâcher d'en faire un professeur d'arts plastiques.

Elle veilla avec une attention soutenue sur la santé morale et artistique de son rejeton, qu'elle avait renoncé à placer en pension au collège de Brive où il aurait échoué lamentablement. Collaboratrice occasionnelle d'une revue folklorique pour des contes et des poèmes, des recueils de souvenirs du temps où elle était bergère, elle demanda à Fernand d'illustrer ses écrits. Comme elle donnait volontiers dans le folklore fantastique, mêlant dans son inspiration loups-garous, dames blanches et lavandières de la nuit, le jeune artiste trouva dans cet univers une occasion inespérée de donner libre cours à ses fantasmes. Je faisais mine de me délecter de ses illustrations à l'encre de Chine : veillées hallucinées, marmites de sorcières, fantômes en errance sur la lande... La collaboration entre la mère et le fils faisait les délices des amateurs de régionalisme fantastique. Ils acquirent de concert, sans peine comme sans talent, une certaine renommée dans le cadre d'une province attachée à ses traditions et à ses mystères.

De Xavier Duroux, toujours aucune nouvelle. Il venait au château de Magimel pour les fêtes mais descendait rarement au bourg. Je le rencontrai une fois ou deux, sans qu'il daigne me parler de son *idée* et sans que j'ose le relancer.

Les cours par correspondance avaient été bénéfiques à Fernand : ils lui avaient appris à maîtriser la forme, à acquérir une conception classique de ses sujets, sans laisser se dissoudre son inspiration et ses exigences secrètes. Je tentai d'apprendre ce qu'il en était de cette pédagogie par correspondance mais n'en tirai rien.

Celui qu'on appelait Ficelle à l'école primaire s'était étoffé. Son inactivité, une boulimie que sa mère négligeait d'enrayer lui avaient donné l'allure d'un de ces ludions qui baignent leurs formes adipeuses au milieu d'un bocal. Le front avait conservé cette dimension phénoménale qui m'avait tant impressionné jadis, mais le visage d'adolescent prématurément mûri avait pris une apparence hydrocéphalique inquiétante. Il paraissait indifférent à son physique, satisfait de son sort et peu soucieux de son avenir. En continuant à veiller sur lui, à le couver, Anna lui ôtait toute préoccupation de cet ordre ; célibataire imprégnée des vertus laïques faites d'abnégation et d'altruisme, elle souhaitait garder près d'elle le plus longtemps possible, afin de le protéger, cet être falot qui constituait la seule présence sur laquelle elle pût s'appuyer.

Fernand allait sur ses dix-huit ans sans que rien n'eût changé dans son statut familial, social et artistique, quand un message de Xavier Duroux causa à Anna un immense espoir et une peine terrible.

Fernand était invité à Paris par un directeur de galerie, ami du châtelain. Cette nouvelle me rappela que, durant le dernier été, au cours d'une nouvelle exposition de l'artiste, son attention s'était fixée sur un croquis rehaussé à la gouache : une parodie de la Cène, avec des personnages qui semblaient empruntés à James Ensor, sauf lui, Fernand, qui figurait à la place du Christ, avec son visage plâtreux et ses yeux de porc.

J'étais présent quand Xavier tenta de s'entretenir avec l'artiste de cette œuvre insolite, qui avait dû échapper à la vigilance de la reine mère. Je garde en mémoire les termes de leur entretien.

– Fernand, pourquoi avoir peint cette version de la Cène ?

– Sais pas... parce que... ça me plaisait.

– Le personnage du Christ, c'est bien toi, n'est-ce pas ? Te prendrais-tu pour un messie ?

Fernand s'était mis à rire stupidement et à hausser les épaules, avant de se gaver d'une poignée de cacahuètes et de répondre, la bouche pleine :

– Parce que je suis le roi. Personne ne le sait, à part moi et ma mère. Le roi, oui. Les autres, beuh...

Xavier dut bien se contenter de cette explication sommaire mais surprenante. Il fit l'acquisition de cette aquarelle, s'assura que l'artiste était en mesure d'en peindre d'autres de même inspiration et de style identique. Il me confia :

– Je suis persuadé d'avoir fait une vraie découverte en matière d'art pictural. Ce garçon possède un génie sauvage, à l'état brut, dans le genre de Gaston Chaissac. Je connais des gens, à Paris, qui s'arracheraient sa production. Pris que j'étais par des voyages professionnels, j'ai longtemps hésité à m'intéresser à Fernand. Je vais rattraper le temps perdu...

C'est à quelques semaines de cette conversation, en septembre, que l'invitation dont j'ai parlé est parvenue à Fernand. En lisant la lettre qui portait l'en-tête d'une célèbre galerie parisienne : *Terres nouvelles*, dirigée par un certain Zaborski ou Sikorski, je n'en croyais pas mes yeux. Ce message fut l'objet d'un débat tripartite entre Anna, son fils et moi. Laisser partir Fernand, l'abandonner à lui-même pour une période indéterminée, cette idée était insupportable pour Anna : il était incapable de subvenir à ses besoins, de se comporter d'une façon normale, de se diriger dans la grande ville... J'insistai tant pour qu'elle acceptât cette proposition mirifique qu'elle finit par céder.

Je conduisis Fernand à la gare de Brive pour qu'il prît le Capitole. Ce n'était pas la première fois qu'il montait dans un train, mais je n'oublierai jamais l'émotion et le début de terreur qui se saisirent de lui quand je l'eus installé dans son compartiment de deuxième classe avec sa vieille valise et la caisse contenant sa panoplie de peintre. J'eus du mal à m'arracher à son étreinte, à lui faire comprendre qu'il ne fallait pas confondre Austerlitz et Australie. Il ne lui faudrait pas cinq heures pour arriver à Paris et on l'attendrait à la gare : M. Duroux en personne.

Il se replia sur sa détresse, resta sourd à mes ultimes recommandations. Et moi, sur ce quai de gare, j'étais ému aux larmes et inquiet, comme le protecteur d'Elephant Man abandonnant son monstre à la bonne société londonienne. Je me disais que les réticences d'Anna étaient peut-être fondées, qu'il existait des risques que Fernand se perdît et ne revînt jamais à Magimel. Les scrupules que j'avais occultés, les arguments fallacieux que j'avais exposés revenaient m'assaillir comme une lame de fond. Alors que les derniers voyageurs escaladaient les marches des rames, j'étais sur le point de demander à Fernand de redescendre et de reprendre avec moi la route du village, ce qu'il eût fait sans la moindre hésitation.

Ce n'est pas par Fernand que nous eûmes des nouvelles de son arrivée dans la capitale et de son installation, mais par le directeur de la galerie et par Xavier Duroux. Un matin, au cours de la récréation, coup de fil d'Anna me demandant de la rejoindre : elle avait des nouvelles de son fils.

J'étais aussi impatient qu'elle pouvait l'être d'apprendre comment s'était passé ce premier contact avec le monde extérieur. Au dire de M. Zaborski (ou Sikorski), son protégé s'était comporté avec *naturel et simplicité*, ce qui ne nous rassurait en rien. Le directeur l'avait pris sous son aile et le faisait travailler en vue d'une exposition prévue pour l'année suivante : il le faisait initier à la peinture à l'huile et au modelage.

– Mon Dieu..., soupira Anna. Un an...

– Eh quoi ! protestai-je. Si votre fils s'adapte à ses nouvelles conditions de vie, qu'il se consacre pleinement à son art, de quoi vous plaignez-vous ?

– Mon Dieu..., répéta-t-elle d'un air obstiné, savoir ce qu'on va lui faire peindre ? Encore des *horreurs* sans doute ! Ces Parisiens... Je n'ai guère confiance en eux. Ils vont exploiter ses mauvais penchants.

Là, je sentis la moutarde me monter au nez et répliquai :

– Vous ne pensez tout de même pas que Fernand allait s'imposer à Paris avec la Tour de César et le clocher de Curemonte ! Laissez faire le destin. C'est de votre fils qu'il s'agit, pas de vous.

Je pris mon souffle pour lui lancer :

– Voulez-vous que je vous dise ? Vous êtes une mère abusive !

Elle avala ces derniers mots comme une gorgée de vinaigre, me tourna le dos pour me signifier mon congé et resta deux semaines sans me donner de ses nouvelles. Par fierté, je m'abstins de lui en demander. Elle m'agaçait.

Des nouvelles, c'est par Xavier Duroux que j'en eus alors que je m'apprêtais à plier bagage pour me rendre dans ma famille, sur le Plateau, l'année scolaire achevée. J'eus la surprise de le voir se présenter dans mon école, à la dernière récréation. Il venait me montrer la maquette en couleurs du catalogue de la future exposition de Fernand, qui allait se tenir à la galerie *Terres nouvelles*, en octobre. C'était un travail soigné, avec des planches en pleine page, une préface d'un critique d'art du *Figaro* et, à ma grande surprise, quelques lignes de ma préface au premier vernissage.

Autre surprise en découvrant, à la dernière page, un autoportrait de l'artiste, traité d'une manière naïve, entre figuratif et abstrait. Cela lui ressemblait, encore qu'il eût ajouté des boursouflures couleur de saindoux, des plaies qui semblaient laisser suppurer une lymphe gommeuse, un affaissement général des traits, d'où surnageait le front, sur lequel il avait perché une colombe échappée d'un tableau de Salvador Dali. Il me fut aisé de reconnaître le décor de cette œuvre fascinante : celui de Magimel, peint avec la précision d'un artiste du Quattrocento et, dans le premier arrière-plan, une femme représentée de dos, avec un fichu sur les épaules, qui devait être sa mère.

Un poème signé de Fernand accompagnait cette reproduction :

Fils du vent, de la nuit, des fontaines
Je porte en moi l'alliance de la nature et de l'homme
La quintessence de la vie et du mystère.

– Vous n'allez pas me faire croire, protestai-je, que ce poème est l'œuvre de Fernand. Ce serait une imposture ! Vous savez bien qu'il sait à peine lire et écrire...

– Bien sûr que non ! m'avoua Xavier avec un haussement d'épaules. On l'a un peu aidé...

Je feuilletai la maquette avec un étonnement qui croissait de page en page. Je reconnaissais aisément l'inspiration quasi démoniaque de l'artiste, qui, naguère, me faisait dire qu'il était *habité*. Ses fantasmes, comme disait l'auteur de la préface, étaient portés *à leur point d'incandescence ultime* mais la forme avait évolué dans un sens nouveau : plus maîtrisée, nette, précise, avec un parti pris de réalisme surprenant. Signe, me confia Xavier, d'une véritable nature d'artiste attaché sans concession à la réalité sans refuser la transcendance. Les sujets embrassaient des scènes de la rue, des rassemblements de SDF, des alignements de Maghrébins et de Blacks sur les quais de la Seine et (j'écarquillai les yeux) des nus traités dans des gris et des verts à la Hopper, et des désarticulations à la Bacon.

– J'ai jugé bon, me dit Xavier, de montrer cette maquette en premier lieu à la reine mère. Elle a failli s'évanouir. Je l'ai rassurée en lui affirmant que des acheteurs s'étaient déjà présentés, avant même le vernissage, que Fernand vendrait peut-être toute sa production et qu'il allait être riche...

Je m'enquis des conditions de vie de l'artiste, et de son comportement.

– Il nous a donné des inquiétudes, surtout au début de son séjour, me confia Xavier. Il manifestait deux attitudes différentes : une prostration qui pouvait durer des jours, sans qu'il daigne prendre ses pinceaux, malgré les apaisements et les conseils que nous lui prodiguions. Puis, de temps à autre, des élans le jetaient à sa table de travail et à son chevalet pour dessiner et peindre des choses extravagantes. Nous pensions avoir fait une erreur en le conviant à Paris, quand nous avons découvert, dans les toiles qu'il alignait le long du mur, une crucifixion librement interprétée d'après un anonyme espagnol. Le Christ, comme dans la *Cène*, avait l'apparence de l'artiste lui-même, et les personnages qui l'entouraient étaient représentés comme des monstres à la Jérôme Bosch, sauf sa mère. Nous sommes parvenus à lui faire comprendre que là était sa voie, que le fantastique, l'hallucination étaient ses véritables domaines, qu'il devait se libérer dans ces œuvres des démons qui l'habitaient, pour reprendre votre formule. Il a consenti et a même accepté qu'un peintre de mes amis lui donnât quelques conseils quant à la forme et à la technique de l'huile. Vous avez dû remarquer qu'outre la vision réelle du sujet Fernand se laisse aller sans frein à ses obsessions. Elles coulent de son pinceau comme d'une fontaine. Il est aujourd'hui sur la bonne voie. Il est vrai que mon épouse veille sur lui : elle est associée au directeur de la galerie.

J'accompagnai Anna au vernissage de l'exposition. Tremblante d'envie et de crainte, elle s'arrêtait sur le trottoir chaque fois qu'une vitrine lui jetait au visage une affiche avec, en gros caractères, le nom du *nouveau maître du fantastique quotidien* et une reproduction : une femme jetée dans l'arène et dévorée par les fauves d'un bestiaire onirique.

Anna posa près de son fils pour les photographes de presse, une coupe de champagne à la main et coiffée d'un chapeau prêté par Mme Duroux. Elle se substitua à Fernand pour répondre aux journalistes.

Xavier avait vu juste : Fernand vendit les trois quarts de ses toiles, ce dont il semblait se moquer mais qui plongea sa mère dans le ravissement : elle avait compris que l'étoile de son fils n'était pas une simple chandelle qui s'éteindrait au moindre courant d'air, mais qu'elle allait illuminer leur existence. Qu'elle dût son éclat à un talent perverti par ses obsessions avait fini par la laisser indifférente. Fernand, quant à lui, fut plus sensible aux pots de rillettes et de confiture de fraises qu'Anna avait déposés dans son atelier qu'à la manne qui lui tombait du ciel.

L'aventure était trop singulière pour ne pas sombrer dans le drame.

Fernand avait interprété sans trop de réticences le rôle qu'on voulait lui faire jouer : celui d'un artiste atypique, mais il n'avait pu s'adapter à l'existence dorée qu'on lui proposait. Il travaillait consciencieusement, sous l'œil attentif et affectueux de Mme Duroux ; il occupait la mansarde de la galerie, que l'on avait organisée en atelier et en appartement ; il n'en sortait guère, toujours accompagné car, au début de son séjour, il s'était à plusieurs reprises perdu dans Paris. Cet exercice de création *in vitro* semblait lui convenir.

Discrètement, j'interrogeai Xavier sur le comportement sexuel de l'artiste : à près de vingt ans, Fernand devait avoir des exigences. Il parut embarrassé mais finit par m'avouer qu'on faisait appel, pour son travail, à des modèles pas trop farouches ; il se conduisait avec ces filles comme beaucoup d'autres artistes, sans attacher à ces coucheries une connotation sentimentale qui eût été dangereuse pour sa carrière.

Les Parisiens sont friands de ces phénomènes issus de la province, qui leur en fournit en abondance. Celui-ci avait de quoi les intéresser et les divertir. Certains critiques le portaient aux nues ; d'autres le brocardaient, sans que ce pauvre imbécile conçût envers eux reconnaissance ou colère : il était au-dessus de ces querelles.

On finit par se lasser de ce personnage inconsistant, de cet artiste que l'on ne tarda pas à trouver répétitif, ennuyeux et dont l'inspiration fut jugée artificielle.

La seconde exposition connut un succès égal à la première, grâce à un battage publicitaire intense. La troisième accusa un fléchissement des ventes et des critiques acerbes. La quatrième sonna le glas et la chute annoncée.

A quelque temps de la rentrée d'octobre, Xavier m'appela au téléphone dans ma nouvelle école, sur le Plateau. Il m'annonça une fâcheuse nouvelle : Fernand avait disparu ! Au cours de sa quatrième et dernière exposition, il avait fait la connaissance d'une fille blondasse et maigrichonne qui militait dans un mouvement *new age* confinant à une secte. Esther s'était entichée des œuvres de Fernand, qu'elle jugeait hors du commun, inventives et promises à une autre destinée que celle de pourvoyeur des galeries parisiennes.

Avec la permission de Mme Duroux, qui voyait dans cette égérie un élément stabilisateur pour l'artiste, elle lui rendit visite dans son atelier. Fernand semblait se plaire en sa compagnie ; elle le forçait à s'exprimer sur lui et sur son art, en le traquant jusqu'au tréfonds de son subconscient, parvenant même à faire remonter du fond de ce vide béant quelques justifications de ses dons étranges, ce qui fut considéré comme un exploit. La présence de cette virtuose de la maïeutique s'avéra efficace : Fernand accoucha laborieusement des quelques bribes de sa réalité profonde, un fatras de fantasmes sans queue ni tête.

Cette intervention aurait peut-être eu une fonction salvatrice s'il ne s'y était mêlé un sentiment d'une part, une ambition de l'autre.

Fernand avait trouvé en Esther le révélateur de capacités occultées par une mère abusive, une égérie et une maîtresse qui, malgré quelques simagrées en rapport avec une vague philosophie bouddhique qu'elle pratiquait et professait assidûment, provoquait en lui l'impression d'émerger d'un vide affectif ; elle avait trouvé en lui l'étoffe d'un maître en sciences ésotériques, sinon les connaissances que cela suppose. Esther n'eut guère de mal à le circonvenir, à lui faire concevoir que son talent d'artiste n'aurait sa raison d'être que s'il se rattachait à une grande cause philosophique ou religieuse. Un grand destin l'attendait hors de cette sentine parisienne où il donnait le meilleur de ses dons pour enrichir sa mère, son directeur de galerie, et plaire à quelques snobinards ! Elle lui glissa à l'oreille des mots magiques : spiritualité, gourou, ashram, nirvana que l'on atteignait en quatre étapes, par quelques exercices spirituels. Elle parvint à le convaincre de réclamer son arriéré de droits et de partir avec elle pour le Népal ou le Cachemire, je ne me souviens plus. Toujours est-il qu'un matin Mme Duroux trouva l'atelier désert, les oiseaux envolés, avec un mot d'Esther expliquant que Fernand et elle voguaient vers leur destinée spirituelle et ne reviendraient sans doute jamais ou sous la tunique safran du bonze.

Esther et Fernand n'allèrent pas plus loin que la Provence. Ils s'installèrent dans un mas abandonné qu'ils firent restaurer et décorer par un ami de la fille, un nommé Julius, qui baignait jusqu'au cou dans le *new age*, se teignait les cheveux en bleu, se coiffait en catogan et pratiquait le piercing. En moins d'une quinzaine, ce décorateur improvisé transforma l'humble fermette en ashram et lui trouva un nom : *Soleil de l'âme.*

Esther alla recruter dans les parages de quoi constituer un groupe de disciples. Elle ramena des Américaines, des Allemandes, des Hollandaises et trois étudiants parisiens égarés dans les arcanes de la spiritualité hindouiste. Comme il fallait un gourou à cette communauté, le sort tomba sur Fernand. Il trouva ce choix naturel, accepta de revêtir une tunique blanche à galons dorés, saupoudrée de signes cabalistiques, se laissa pousser les cheveux et la barbe. Comme sa mémoire surprenante suppléait sa débilité mentale, il apprenait la nuit, des lèvres d'Esther et de Julius, les messages qu'il aurait, le lendemain, à délivrer à ses disciples. Il usait assez pertinemment d'une apparence physique qui l'apparentait à ce gourou japonais qui faisait répandre du gaz toxique dans le métro de Tokyo. Il usait avec la même habileté de ses silences et de ses somnolences que ses disciples prenaient pour de la méditation transcendantale.

Cette affaire juteuse ne tarda pas à révéler son imposture. Deux ans après sa création, un nuage lourd de menaces vint violer le *Soleil de l'âme*. Les agents du fisc s'intéressèrent à une gestion qui, c'est le moins qu'on puisse en dire, n'avait rien d'orthodoxe. Puis la police des mœurs intervint, à la suite de la plainte pour viol qui conduisit Julius aux Baumettes.

Esther avait disparu à la première alerte avec le magot, et plus personne n'entendit parler d'elle. Un examen psychiatrique révéla la déficience intellectuelle et l'irresponsabilité du gourou : il fut laissé en liberté, revint à Paris et sollicita sa réintégration à la galerie. Le directeur lui fit comprendre qu'il était passé de mode, qu'il n'avait vendu aucune toile de lui depuis son départ et que le pauvre Fernand n'avait rien de mieux à faire qu'à retourner dans sa province. Mme Duroux paya son billet du retour car il était parfaitement désargenté. Anna me chargea d'aller attendre à la gare de Brive et de ramener au bercail l'enfant prodigue. Elle l'accueillit avec d'amères réprimandes et des larmes de bonheur : elle avait retrouvé son bien le plus précieux.

Si j'ai pu relater avec quelques détails l'odyssée malheureuse du pauvre Fernand, c'est que l'affaire de l'ashram avait fait grand bruit et donné lieu, dans la presse nationale, à des reportages et à des enquêtes.

Artiste dévoyé, gourou dérisoire, Fernand allait se laisser engloutir, avec l'indifférence qui était le fondement de sa nature, par la vie qu'il avait menée naguère. Il allait devenir rapidement une pitoyable épave.

Une fois ou deux dans le mois je quittais le Plateau pour Magimel, où je trouvais ma collègue plongée dans la relation de ses souvenirs de bergère. Je restais déjeuner sous la treille d'où l'on a une vue superbe sur les massifs forestiers qui plongent vers la vallée de la Dordogne. Pas une seule fois Anna ne me parla des déboires du malheureux crétin. Il partageait nos repas sans proférer une parole, s'empiffrait de dessert, buvait sec et semblait plus absent que jamais. Il avait rangé son chevalet, ses pinceaux et ses tubes de couleurs dans le grenier et renoncé définitivement à peindre. Le seul souvenir qu'il me reste de sa période de création est la vue du château de Noailles, dont Anna me fit présent, jadis.

La dernière fois que je vis Fernand, c'était l'été dernier, il y a de cela deux mois environ. Je tentai de le faire s'exprimer, alors qu'Anna était occupée à sa vaisselle, mais ne tirai de lui que des propos incohérents, quelques résidus des sermons de l'ashram et un profond mépris pour les hommes. Il rompit brusquement notre entretien, se leva et disparut en direction du bourg, avec une allure et des gestes de dément.

– Il a dû aller, me dit Anna dans un soupir, rejoindre quelques vieilles connaissances, au bistrot. Lorsqu'il reviendra, il sera ivre, comme tous les dimanches. Les gens s'amusent de lui, le font danser pour un verre et raconter des balivernes. J'ai tenté de lui interdire ces sorties, mais en vain : il m'a menacée avec la serpe ! J'ai peur, Martial. Pour lui et pour moi.

– Qu'en dit le médecin ?

– Fernand a toujours refusé de se faire examiner. J'ai dû me rendre à sa place à Brive, chez un spécialiste. Diagnostic : il n'est pas fou mais peut être dangereux. On m'a conseillé de le faire interner. Mon Fernand chez les fous... Je ne le supporterais pas !

Anna laissa s'épancher son chagrin sur mon épaule, murmura d'une voix pâteuse :

– Martial, j'ai parfois de mauvais pressentiments. Je crains qu'il ne lui arrive malheur.

Le malheur redouté par Anna est survenu il y a une semaine. J'en ai été prévenu par elle et par un entrefilet du journal régional. Lors de la visite que je rendis à ma collègue le mercredi suivant, elle était occupée à récolter les fruits rouges dont elle ferait des confitures. Elle ne paraissait pas très affectée par la mort du pauvre Fernand, parla même de *délivrance*. Pour lui ? pour elle ?

– Ce que le journal n'a pas écrit, me dit-elle, c'est que mon Fernand s'est pendu. Une nuit, je l'ai entendu qui sortait de sa chambre et allait fouiller dans la remise. Je n'y ai guère prêté attention car il lui arrivait fréquemment d'aller battre la campagne pour réveiller les voisins en hurlant des insanités sous leurs fenêtres. Il se prenait pour un loup-garou après avoir lu un de mes contes.

Fernand est parti dans la nuit avec sa corde (« en chantant », me précisa Anna). Grâce à l'échelle du menuisier, il est monté dans un des platanes de la place, en face du monument aux morts, puis il a noué la corde autour de son cou et s'est jeté dans le vide. C'est le patron du café qui l'a découvert, le lendemain, en ouvrant son établissement : froid et raide.

J'ai appris récemment par mon quotidien régional qu'une vente aux enchères avait eu lieu à Tulle, et qu'on avait proposé à bas prix ce qu'on avait retrouvé, dans le grenier de Magimel, de ses œuvres anciennes et récentes. Le lot n'avait pas trouvé preneur.

Ce fut pour Fernand comme une seconde mort.

La chasse volante

Le mal que j'ai eu à confesser Toussaint Vitrac, je ne vous dis pas ! Un véritable parcours du combattant, fait de promesses, de rétractations, de rendez-vous manqués, de manœuvres hypocrites de sa part destinées à me convaincre de renoncer à ma proposition, des accès de découragement de la mienne...

Lors de notre dernier entretien téléphonique, il a fait la bête :

– Monsieur Martial, qu'est-ce que vous me voulez, au juste ?

Comme s'il ne le savait pas...

– Je vous l'ai répété dix fois, alors cessez de me mener en bateau. Cette chasse volante, vous en avez été le témoin, oui ou non ?

Il s'est retranché derrière de piètres arguties :

– Oui, j'en ai été le témoin, mais comprenez-moi : dans ma situation, je ne veux pas faire rire de moi si cette affaire s'ébruite. Et d'abord, qu'est-ce que vous voulez en faire, de cette histoire ? Qui me dit que vous n'allez pas la livrer à la presse ?

Il répondait à ma requête par une salve de questions. Je devinais qu'il répugnait à faire de la peine à celui qui avait été son maître d'école, qu'il aimait bien, du moins je me plais à le croire, mais aussi, peut-être, parce qu'il tenait à valoriser sa confession en la laissant désirer par des coquetteries qui me hérissaient le poil. Livrer son récit à la presse ! Quelle idée... Je ne collabore au quotidien régional que pour les petites nouvelles du canton et non pour ce genre d'affaires qui relèvent du reportage et peuvent faire passer le héros pour un fabulateur et l'auteur de l'article pour un naïf.

J'ai dû répéter que je tenais à consigner son expérience de ce phénomène rarissime dans un projet de recensement des coutumes, traditions et faits mystérieux de notre région, destiné à mes archives personnelles. Je l'assurai que ni son nom ni l'endroit où s'était déroulé l'événement qui suscitait ma curiosité ne seraient mentionnés sous leur identité d'origine, et que ce travail garderait un caractère *scientifique*. J'insistai sur ce dernier mot et j'entendis Toussaint bredouiller au bout du fil :

– Vous dites *scientifique* ? Ah, bon... Si ça concerne la science, c'est autre chose... Passez me voir un de ces jours aux Brousses. Vous connaissez le chemin.

Je me dis que, cette fois-ci, je le tenais et qu'il ne me ferait pas faux bond. Cette modeste victoire m'avait demandé tant de patience qu'elle prit dans mon esprit une importance sans doute sans commune mesure avec l'intérêt du sujet. J'avais prévu le risque majeur : que Toussaint débridât son imagination et se proposât, j'ignore pour quel motif, de me faire avaler des couleuvres. Cette perspective ne fit pas long feu. Je connaissais Toussaint depuis l'âge scolaire ; il avait été un élève médiocre, honnête, appliqué mais totalement dépourvu d'imagination, peu enclin aux farces et attrapes, une activité dans laquelle excellaient bon nombre de petits paysans futés. Il n'avait pas laissé dans ma mémoire, c'est le moins que je puisse en dire, le souvenir d'un surdoué.

Par l'intermédiaire de cousins qui avaient implanté un modeste château dans la région de Pomerol, il avait fait ses universités dans le vignoble avant de parcourir le Massif central et les régions limitrophes avec en poche une carte de représentant en vins de Bordeaux et assimilés. Il gagnait convenablement sa vie, avait conservé la ferme familiale du Plateau, y avait aménagé pour son travail un minuscule bureau gagné sur l'ancienne bergerie, d'où il avait une vue panoramique sur les espaces vertigineux qui entourent les Brousses. Il venait y toucher barre une fois ou deux par semaine, avant de rebondir vers d'autres clientèles. A cette époque, il portait en toutes saisons un trois-pièces de couleur sombre, qui lui donnait l'aspect d'un employé des Pompes funèbres.

Toussaint a trouvé en moi, son ancien maître, un client fidèle sinon exceptionnel, le gros de sa clientèle se composant de propriétaires de cafés, d'hôtels et de fermes-auberges.

Je dus le prévenir de ma visite, car il s'absentait fréquemment pour ses tournées, et obtins un rendez-vous pour la semaine suivante. Toussaint m'attendrait pour le *mérindé*, qui est chez nous une espèce de quatre-heures ; il mettrait une bouteille de blanc à rafraîchir dans le puits et garnirait sa table de cochonnaille préparée par sa femme. Il y avait doublement de quoi séduire l'épicurien que je suis, qui aurait pu faire sa devise du *Carpe diem* des Latins.

Toussaint tenait de son activité professionnelle une obséquiosité qui lui faisait le dos rond et donnait à sa bouche une forme d'oviducte propre à évacuer en termes dithyrambiques les vertus des crus dont il avait la charge. Dans ses rapports extraprofessionnels avec la population locale, il gardait ce comportement, ce qui établissait des distances avec ses anciens camarades de classe, ses conscrits et de vieilles connaissances comme moi. Ce *voyageur*, comme on disait alors, se prenait pour Argus.

Ce préambule permettra de mieux comprendre que Toussaint Vitrac, des Brousses, canton de Bugeat, en Corrèze, n'était pas un plaisantin, un conteur de gnorles, un personnage capable d'entraîner un interlocuteur dans des fantasmagories fumeuses, de lui faire prendre des vessies pour des lanternes.

Je posai ma bicyclette contre la margelle du puits. Toussaint m'attendait sous un bouquet de bouleaux aménagés en gloriette, avec en son centre une pierre sauvage qui rappelait un menhir et une table de schiste en forme de dolmen miniature. Par pure prétention il avait tenu à valoriser des origines lémovices contestables, les traces de sa famille se perdant au-delà de la Révolution. Prétention, je le répète, mais qui ne me déplaisait pas car elle tranchait sur l'indifférence de la majorité de la population en matière de généalogie.

– Montez dans ma voiture, me dit-il. Si vous n'êtes pas pressé, je vais vous conduire jusqu'à la ferme abandonnée où s'est produit le phénomène. Nous en avons pour moins d'une heure aller et retour. Vous ferez ensuite honneur au *mérindé*.

Je montai près de lui, dans une grosse Peugeot à moteur Diesel qui avait plus de dix ans d'âge mais qu'il pomponnait comme une vieille marquise, par respect pour la mission de représentation qu'il lui assignait. La ferme de La

Geneste, où nous nous rendions, se situe à une dizaine de kilomètres des Brousses, dans une sorte de cuvette tapissée de tourbières, de mouillères, de friches qui avaient été d'honnêtes pâturages, avec aux alentours des massifs forestiers d'une opacité de pierre. Le site est traversé par un petit affluent de la Vézère, dont le nom m'échappe et dont je n'ai pas retrouvé trace sur les cartes routières banales. Une routelette court en parallèle et gambade d'un ponceau gallo-romain à un autre, entre des jungles en miniature de noisetiers, de saules et de genêts. Rien en cet endroit qui, au cours d'une promenade, pût laisser supposer que des phénomènes étranges eussent pu s'y produire. Et pourtant...

– Comment se fait-il, demandai-je à Toussaint, que vous ayez fait halte à cet endroit, en pleine nuit ? J'aurais compris si cette aventure vous était arrivée au siècle dernier, en revenant à pied d'une foire, par exemple. Mais de nos jours, avec une bonne voiture...

J'avais cessé de tutoyer cet ancien élève du jour où, jouant au monsieur, il se mit à porter en permanence son costume noir trois-pièces qui pouvait s'assimiler à un uniforme, et à s'exprimer avec une onction de secrétaire de préfecture.

– Eh bien, me répondit-il, justement, ma voiture... Il lui est arrivé ce soir-là ce qui ne s'était jamais produit et qui me paraissait inconcevable : une panne ! De surcroît en plein hiver, avec de la neige partout, un froid sibérien, et alors qu'il faisait nuit. Imaginez un peu, monsieur Martial ! Tenez... c'était à cent mètres de là, avant de franchir ce petit pont, après la croix de calvaire. Je fais ce que tout le monde fait dans ce cas-là : je descends de voiture, je soulève le capot, je plonge une main dans le moteur avec mon briquet. Rien ! Il faut dire que j'aurais été bien incapable de réparer, même de changer une bougie...

– Bref, Toussaint : vous voilà seul, au milieu de la nuit, d'une nature hostile, comme dans les romans d'aventures...

– ... Et d'un silence effrayant, avec la seule clarté de la neige pour guider mes pas. Autant dire, l'ombre totale. Je laisse ma Peugeot sur le bord du talus et je marche droit devant moi, en suivant le vague tracé de la route. Que faire d'autre ? Je n'avais pas de portable, comme de nos jours, et, de plus, j'ignorais où je me trouvais. Bugeat, d'où je venais, est distant de sept à huit kilomètres.

– Vous auriez pu dormir dans la voiture en attendant le jour.

– Et on m'aurait retrouvé gelé comme une rave ! Il devait faire dans les – 10 °C ! J'aurais pu me réchauffer, me direz-vous, en consommant mes échantillons, mais ça n'aurait été qu'un palliatif insignifiant. Me voilà donc sur la route, emmitouflé dans mon pardessus. Je fais cent mètres environ quand j'aperçois sur ma gauche, au-dessus d'un fatras de broussailles, une forme géométrique qui ressemble à un toit. Sauvé ! je me suis dit. J'approche. C'est bien un toit de chaume comme on n'en voit plus guère aujourd'hui, avec une robuste cheminée à degrés. Pas de lumière, ce qui me semble normal, étant donné l'heure. Pas de chien non plus, ce qui me paraît plus insolite. Je cogne à la porte. Personne ne répond. J'essaie de l'ouvrir. Elle résiste. Je fais à tâtons le tour de la masure. La porte de l'étable ou de la grange branle dans ses gonds. Je pousse de l'épaule et elle finit par céder.

Tandis que Toussaint me raconte son odyssée nocturne, avec une abondance de détails superflus mais qui donnent de la véracité à son récit, il procède comme pour une reconstitution judiciaire. « Comme si on y était ! me dis-je, sauf qu'il fait grand jour et que nous sommes au cœur de l'été. »

Il pousse la porte de la grange-étable dont le battant se couche à demi, et nous voilà sur les lieux du phénomène : de vieilles odeurs familières, une pénombre fraîche, la fuite d'une couleuvre dérangée qui plonge dans les orties... De la grange-étable nous passons dans la pièce principale pour constater que des brocanteurs nomades ont fait le vide, ne laissant que ce qui était invendable : une table bancale, des sièges de cantou éventrés, des boîtes de fer ayant contenu du café ou du sucre, une abondante guipure de toiles d'araignée, comme dans *Le Magicien d'Oz*, et, sur la terre battue, une moquette de châtaignes récurées par les rats.

– C'est bien ici..., dit Toussaint, comme s'il doutait de sa mémoire. Oui... oui... je n'y suis pas retourné depuis l'événement, mais je reconnais tout.

Il ouvre la fenêtre opposée à la porte d'entrée, un fenestrou grand comme un mouchoir de poche plus exactement, tellement gris de poussière et d'anciennes fumées de bois qu'il est devenu opaque. Il laisse pénétrer dans la masure, avec un jour blanc, une bouffée de fournaise.

Toussaint poursuit :

– A la suite de cette aventure, je me suis renseigné sur cette maison. Tout ce que j'ai pu obtenir, c'est le nom des deux vieux qui l'ont occupée dans les derniers temps, avant d'aller mourir à l'hospice ou je ne sais où. Son prix a été estimé très bas par les Domaines. Malgré sa solitude et son allure sinistre, elle pourrait être aménagée en gîte rural. Sinon, elle est promise à la ruine, et peut-être le nom même de La Geneste disparaîtra de la carte.

Je regarde Toussaint évoluer en silence un long moment, toucher les murs, les meubles, quelques objets épars, comme pour retrouver à leur contact un souvenir ou une émotion récurrente. Je me dis que, le récit de sa nuit, il me le fait venir de loin et que, peut-être, *in extremis*, il va me dire qu'il a réfléchi et qu'il renonce. Pour le relancer, je fais mine de manifester quelque intérêt à la masure et au phénomène dont elle a été le théâtre.

– Vous êtes donc entré dans cette pièce, je suppose à la lumière de votre briquet. Et qu'avez-vous fait ?

– Mon premier soin a été de faire une flambée dans la cheminée. Une bénédiction ! Tout était prêt, comme si l'on avait attendu ma visite. Avant de partir, les occupants avaient froissé de vieux journaux, posé dessus un fagot et une bûche, sans doute en prévision d'un retour prochain. Ah ! monsieur Martial, cette première flambée... Il me semblait renaître au monde des vivants. Il n'est rien de tel pour vous donner de l'amitié envers le monde entier, même pour vos pires ennemis... J'ai découvert peu à peu la pièce que vous voyez là. Mon deuxième souci a été de trouver un endroit où passer la nuit, sinon dormir, ce qui me paraissait aléatoire. Les montants du lit avaient été démontés et emportés. Restait le matelas posé à même le sol, couvert de poussière et crevé par endroits : un véritable nid à rats, mais j'aurais eu mauvaise grâce à me montrer délicat dans ma situation. Après m'être gavé de chaleur dans le cantou et avoir posé sur le feu une deuxième bûche qui puisse tenir jusqu'au matin, je me suis allongé sur le matelas.

Toussaint revient vers le fenestrou, me désigne un point de l'horizon surplombant un puy couvert de conifères et de quelques rares îlots de hêtres. Il me dit :

– C'est de là-bas que tout est parti. Tout d'abord ça n'a été qu'une lueur bizarre, au bas du ciel, comment dire? comme si le soleil faisait une tournée supplémentaire ou s'était trompé d'heure. Cela donnait, autant qu'il m'en souvienne, un mélange de violet et de rose avec, au-dessous, une lumière blanche d'une vive intensité. Cela me faisait penser à une aurore boréale, comme on en voit parfois des reflets lointains par chez nous. C'était beau comme les feux de Bengale du 14 Juillet, à Bugeat.

Tout aurait pu en rester là et Toussaint passer à l'abri une nuit des plus sereines si, à peine avait-il fermé l'œil en recensant par la pensée ses commandes de la journée, son attention n'avait été attirée par un phénomène singulier.

– Quand je suis arrivé, il n'y avait pas un souffle de vent. Et soudain, alors que je viens de m'étendre sur le matelas, la tête sur mon pardessus roulé, j'entends des craquements venus de partout à la fois, comme si la masure se mettait à tanguer, et une rumeur profonde comme une respiration d'agonisant, un peu rauque. Je me dis : « Tiens, le vent s'est levé et il va souffler une de ces tempêtes de neige comme on en voit souvent sur nos hauteurs, mais pas de quoi m'inquiéter outre mesure. Cette masure en a vu d'autres... »

Une parenthèse pour rappeler que le régime des vents est, dans notre région, assez modeste. Rien qui rappelle la tramontane, le mistral, le vent d'autan et toute la gamme des vents bretonnants. La preuve : ils ne possèdent pas d'identité précise. On dit le vent du nord, ou du sud, ou de l'Auvergne... Nos vents locaux n'ont guère plus de force que des courants d'air ou des souffleries à manivelle. Celui qui allait faire de cette nuit d'hiver un enfer pour le pauvre Toussaint semblait venir d'un autre monde, peut-être des espaces interstellaires.

– Il faut que je remette de l'ordre dans mes souvenirs, ajoute Toussaint. Il y avait ces craquements et ce murmure profond ou lointain qui ne m'inquiétait guère, mais voilà qu'un cri éclate et me fait sauter hors de mon matelas.

– Un cri, Toussaint ?

– Un cri, monsieur Martial, un cri humain, je vous le dis, comme d'une personne qu'on serait en train de torturer ! J'en avais la chair de poule et mes cheveux se hérissaient. J'ouvre la fenêtre, et ce que je vois n'a rien de comparable avec ce que j'avais découvert en me dirigeant vers la chaumière : un paysage bouleversé, ravagé par des bourrasques de vent et de neige, des branches qui traversaient le ciel couleur de lait, entre blanc et bleu, avec de grosses crèmes de nuages sombres qui passaient à une vitesse effrayante.

– Et le cri, Toussaint, c'était quoi ?

– C'est bien le diable si je le sais, mais il corne encore à mes oreilles. Je l'entendais traverser l'espace, se fondre dans la nuit, revenir au-dessus de la maison.

Il soupire :

– Et si c'était tout...

Toussaint me demande abruptement si je connais la célèbre chevauchée fantastique figurant dans l'opéra de Richard Wagner : *La Walkyrie*. Cette musique a constitué une de mes premières émotions de jeune mélomane.

– Eh bien, monsieur Martial, dehors, on se serait cru sur la scène de l'Opéra, mais sans la musique. Pris de terreur, je voyais des formes blanches passer en trombe, avec des sifflements assourdissants, escalader le ciel en passant à travers les bouquets d'arbres qui se trémoussaient comme pour une danse macabre. Parfois, le bruit changeait de nature ; il donnait l'impression, tantôt d'une énorme passée d'oies sauvages criant leur détresse, à la recherche d'un abri, tantôt d'un concert de joueurs de flûte ivres qui se répondaient d'un bord à l'autre de l'horizon. A un moment donné j'ai eu l'impression qu'un combat aérien pareil à ceux qu'on nous présente à la télé venait d'éclater. Imaginez, monsieur Martial, une bataille entre des escadrilles de Messerschmitt et de Spitfire, dans ce ciel de neige, de nuit et de vent ! Je ne suis pas du genre peureux mais, pour le coup, j'ai senti le sang se figer dans mes veines. Je me suis jeté dans la bassière, les genoux sous le menton et me bouchant les oreilles, persuadé qu'une bourrasque plus violente que les précédentes allait emporter la masure qui vibrait comme un violoncelle. C'est dans cette position inconfortable que j'ai attendu la fin de la tourmente.

Par la suite, Toussaint a lu dans des magazines régionaux et des ouvrages relatant avec complaisance certains phénomènes insolites des récits de chasse volante faits par des témoins. On y parle de membres humains tombant du ciel et de pluie de sang. Il n'y croit guère, ou pas du tout : trop d'esprits portés à la surenchère se font un plaisir pervers à ajouter l'invraisemblance au fantastique. Sceptique de nature, je n'y crois pas davantage.

Les mains de Toussaint tremblaient alors qu'il me relatait sa nuit ensorcelée. Son regard, de temps à autre, se portait sur le fenestrou comme sur un écran de télévision qui aurait retrouvé sa mire. Il s'y prit à trois reprises pour allumer sa cigarette et oublia de m'en proposer une, ce dont je ne me formalisai pas.

– Et le matin, Toussaint, qu'avez-vous constaté en vous réveillant ?

Un calme étonnant régnait sur le site. La tempête passée, le paysage avait retrouvé son silence de pierre sous un ciel d'une pureté de cristal, avec des étendues de toundra qui faisaient songer aux espaces hyperboréens. Malmenés durant la nuit, les arbres se dressaient comme des épures d'estampes chinoises. La neige, tombée en abondance jusqu'à l'aube, avait recouvert les branches arrachées, si bien que rien ou presque ne témoignait de la réalité du phénomène.

– Si, pourtant, monsieur Martial. En ouvrant le fenestrou, j'ai trouvé sur le rebord une loque noire que j'ai prise pour une vieille touaille abandonnée. C'était le cadavre d'une grolle que la tempête avait fracassée contre la vitre.

Alors que nous rejoignions la voiture, je demandai à Toussaint à qui il avait confié cette affaire. Il se redressa comme si ma question l'indisposait, et me répondit sèchement :

– A personne, je le jure ! Si, à la réflexion : à ma femme qui avait passé une nuit dans l'angoisse en se demandant ce que j'étais devenu. J'ai peut-être eu tort, mais il fallait bien que je justifie mon absence. Je lui ai fait promettre le secret en lui expliquant que, s'il s'ébruitait, je passerais pour un fabulateur, comme ces gens qui prétendent avoir vu une soucoupe volante dans leur potager.

– Et elle n'a pas tenu parole ?

– Vous êtes célibataire, monsieur Martial, mais vous connaissez la nature féminine. Cette engeance... Il faut que ça clabaude à tort et à travers, sans songer aux conséquences. Elle a raconté mon aventure à la femme du boulanger, laquelle l'a rapportée à celle de l'épicier. C'est ainsi que cette histoire a fait le tour de la commune, puis du canton, et que je suis devenu l'*homme qui a vu la chasse volante*. C'est pourquoi, quand vous m'avez demandé de vous raconter les détails de cette nuit d'épouvante, je me suis montré réticent. Je voyais déjà la presse et la télé à ma porte ! Une mauvaise publicité auprès de ma clientèle, et je me flatte de passer pour un représentant sérieux. Cette rumeur m'a fait du tort. Alors, des reportages, merci bien ! A vous, monsieur Martial, je fais confiance. Je sais que, tout en respectant le fond de mon témoignage, vous ferez en sorte que personne ne puisse deviner qui a été le héros malheureux de cette fantasmagorie céleste, où et quand elle s'est produite.

Je lui ai donné ma parole, et je m'y suis tenu. Alors, je vous le dis tout net : ne cherchez pas les Brousses ou La Geneste sur la carte, pas plus que vous n'apprendrez l'identité exacte du témoin. Toussaint est mort, il y a quelques mois, dans un accident de voiture : il a plongé dans un ravin, une nuit de neige, du côté de Meymac...

Poussière de blé

Pour Henri Bassaler

Ils sont partis dans l'aube verte d'août : Joseph, le charron, que tout le monde au village appelle Jaujeu, et son fils et commis Fanfan. En dépit des précautions qu'ils ont prises pour ne pas importuner le voisinage, on aurait dit qu'ils déménageaient un cirque. De ma fenêtre ouverte, je les ai regardés sortir de la grange le tracteur tirant avec des hoquets spasmodiques la batteuse de Vierzon, lourde comme un éléphant, qui passait tout juste, à érafler la borne, dans la venelle, entre école et boulangerie, avant de tourner sur la place et, après avoir balayé d'un éclair jaunâtre le monument aux morts, prendre la route menant au hameau des Crozes.

Ce signal donné, le bourg fit semblant de retourner à son sommeil, mais des loupiotes s'allumaient aux fenêtres, des femmes s'étiraient en bâillant sur le pas des portes et chassaient le frais du matin sur leurs bras nus. J'entendis un nourrisson vagir, un chien aboyer, le laitier faire ronfler le moteur de sa fourgonnette.

Le clocher sonna quatre heures.

La journée, je le savais, serait rude et longue, avec quelques espaces de bon temps : les pauses, le repas, la méridienne à l'abri du pailler et les jeux des batteurs de blé. Il fallait bien que je me prépare à l'idée de cette nouvelle corvée, comme je l'avais fait la veille et l'avant-veille, depuis le lundi précédent, tantôt dans une ferme, tantôt dans une autre, jusqu'à ce qu'il ne reste pas la moindre gerbe à donner à dévorer à la batteuse de Jaujeu, plus un sac à monter au grenier ou à ranger dans la grange.

Le père Lajoinie m'a demandé de participer à cette dernière épreuve de la saison, dans son opulente ferme des Crozes. Simple formalité : c'était accepté d'avance. Sous quel prétexte aurais-je refusé ? Ce n'était pas la première fois que cette maudite barre en travers des reins me torturait, et ce ne serait pas la dernière. Pas de quoi en faire une histoire. Il m'a dit en me payant un coup à boire au bistrot, le dimanche précédent :

– Je compte sur vous, Martial. Ce sera un honneur pour moi et ma famille si le maître d'école vient nous prêter la main.

Un honneur ? Tu parles...

Il a ajouté qu'il me mettrait aux sacs, un poste réservé aux costauds, sous les goulots qui vomissent à grosses gorgées les grains dans le sac de jute. La charge normale, environ soixante kilos, n'est pas pour me faire peur : c'est un peu moins que mon poids d'homme, qui est de soixante-dix, mais tout en muscles, avec de la résistance à l'effort en plus. Ma performance : porter cent kilos par l'échelle, jusqu'au grenier. Le curé est allé jusqu'à cent vingt, mais c'est un colosse.

Ce matin, j'ai plutôt envie d'aller me recoucher que de courir m'éreinter dans la chaleur et la poussière du blé. Je souffre encore des reins, et c'est l'heure molle et tendre où le sommeil vous donne des idées de bonheur.

Il faut pourtant y aller, à la galère ! Ce qui me console, c'est la pensée que mes compagnons doivent partager la même réticence et que, de plus, ils ont pour la plupart une femme qui, après leur avoir fait le café, est allée se recoucher. Mon café, c'est moi qui vais me le préparer. Robuste. Avec une bonne rasade de gnôle pour *chasser le ver*, comme disent les vieux pour s'excuser de leur ivrognerie.

Le grand Jules a pris les devants avec sa bicyclette. Il est *entré gendre* chez les Lajoinie mais demeure en marge du bourg. La veille, sa femme est partie pour les Crozes donner la main à la préparation du repas et au nettoyage de la grange où il aura lieu. Nous aurons du pain sur la planche : Lajoinie a la plus grosse exploitation de la commune, peut-être même du canton. Quand on se poste à l'extrémité de son champ, ça donne des idées d'Indiana, où l'on dit que le blé couvre des espaces grands comme une de nos provinces. Lajoinie en est très fier, mais sans trop d'ostentation, car ce riche est un modeste.

En rejoignant le groupe sur la place, je me dis qu'on en aura largement pour une demi-journée. Des voix bourdonnent sous les platanes. Le petit matin a des fraîcheurs de rosée et des odeurs d'herbe sèche, grillée par la canicule. Parvenus au bout du village, passé la croix du carrefour, nous prenons par les raccourcis, les *escourssières*. A cent mètres de là, une forme humaine se profile sous un bouquet de sureaux : c'est Toine, dit le Banlève, qui a épousé récemment une sourde-muette, Nanette, dite Fleur-de-nave en raison de la couleur de ses yeux. Il est courageux mais taciturne et un peu simplet. Un bon compagnon de galère.

Par les raccourcis, il nous faut moins d'une heure pour arriver aux Crozes. Cette lente marche, lourdement martelée par nos grosses semelles, entre des champs de betteraves et de patates, a des allures de procession de la Fête-Dieu, sauf qu'au lieu de bénir les récoltes nous ne nous arrêtons que pour pisser.

Le mouvement rythmique de la marche a atténué mes douleurs lombaires. Mes muscles ont retrouvé leur jeu souple et puissant. Les battages, je n'y étais pas habitué quand je suis arrivé dans la région, mais je me suis fait à cette épreuve redoutable, et j'y prends, en fin de compte, une grande joie. Je suis originaire du plateau de Millevaches, au nord de la Corrèze, une contrée où le seigle est la céréale indigène. J'ai trouvé dans le bas pays, avec l'opulence des campagnes, la griserie que procure la vue des vastes gerbiers et des sacs de jute gonflés comme des ventres de juments gravides. Les gens y ont de la rudesse mais savent prendre la vie du bon côté.

Sans une bouse, sans une trace de mauvaise herbe, la cour des Lajoinie est nette, comme une partition vierge où la batteuse va répandre sa musique. Dans la pénombre, sur un ciel couleur de dragée, s'érigent les mamelons des paillers, taillés comme des tours auxquelles ne manqueraient que des oriflammes et des lances, avant la bataille. Sur place depuis un moment, la batteuse dresse son épure rigide dans ce qui reste d'aube et de frais. La voix de Jaujeu retentit à travers la fumée de sa pipe :

– Tsé, miladiou ! va pisser ailleurs...

Il chasse d'un coup de pied le chien de la maison qui levait la patte sur un pneu du tracteur. Il veut que, lorsque la batteuse entrera en action, le sol soit net comme le parquet de la salle des fêtes. Fanfan s'est glissé sous la machine avec une lanterne, pour vérifier la ventilation et les trilleurs. Le tracteur fait son ronronnement de tigre, avec, de temps à autre, des pets en chapelets. Un bruit qui rassure, comme les préliminaires d'une messe ou d'un spectacle. J'observe, j'écoute sans rien perdre du rite, car, l'an prochain, j'aurai quitté cette contrée, pour aller qui sait où ?

Vif comme une rapiette, qui est un petit lézard de muraille, Fanfan émerge de sous les organes de la mécanique. Il se mouche avec le mouchoir du père Adam, passe le bâtonnet de résine sur la grande courroie que le charron vient d'enrouler aux poulies et qui chuinte lourdement. La bâtisse de bois tressaute dans ses cales et libère un bouquet de poussière.

– C'est bon, les gars ! lance le charron. Si tout le monde est là, on va pouvoir s'y mettre. La journée sera longue...

– Eh là ! proteste le grand Jules, d'abord le café. Hein, beau-père ?

– Il vous attend, répond Lajoinie. La soupe et le chabrol pour ceux qui préfèrent.

Tout est sur la table, sous la lampe à pétrole qui brûle encore, le râtelier aux tourtes et la cage à fromages pendus aux poutres. On mange en silence, on boit le café brûlant, avec de gros soupirs d'aise. C'est encore l'heure calme, mais les bêtes commencent à s'agiter : le vieux cheval sabote contre la porte, les vaches heurtent les cornadis, le coq annonce le jour...

Jaujeu noie le fond de son assiettée de soupe d'une rasade de vin.

– Nous avons bien de la chance, cette année, dit-il. Du beau temps depuis une quinzaine, c'est une bénédiction. Y a guère que ceux des Maurézies qui sont à plaindre : l'orage de dimanche leur a gâté le blé. On a eu du mal à sortir le grain de l'épige, mais ils se rattraperont avec la vigne et le tabac.

J'avale mon deuxième café du matin, mais je refuse la gnôle qui coupe les jambes avant l'effort. Fanfan se gave de pain frais et de rillettes. Le fils du charron obéit à son père, qui est aussi son patron, comme un chien à son maître ; il n'a ni la rigueur ni la compétence de ce seigneur des battages, l'homme à tout faire du village, qui vous répare aussi bien une horloge qu'une machine à coudre ou le moteur d'une voiture : dans son genre, un surdoué.

Le temps du casse-croûte, j'observe le manège de Gilbert. Celui-là, j'ai appris qu'il faut s'en méfier. Parce qu'il a un oncle pharmacien et marchand de sangsues à Brive, il se pose en héritier d'une fortune et se croit sorti de la cuisse de Jupiter. Il est vrai que cet oncle est riche, que les parents de Gilbert ont du bien au soleil, et qu'il est fils unique, ce qui lui fait nourrir de solides espérances. Je l'ai eu comme élève, il y a six ou sept ans. Ni meilleur ni pire qu'un autre.

Pour l'heure, ce qui intéresse Gilbert, ce sont les filles, et pas le tout-venant qui fait tapisserie aux bals du samedi soir, le laideron à prendre ou à laisser. Lui, il vise haut.

Toute la commune sait qu'il s'est entiché de Fabrissa, la fille des Lajoinie des Crozes. Elle, ce n'est pas la position sociale ou le riche héritage qui l'intéresse : tout pour elle est affaire de sentiment. Cette princesse taillée à l'antique, ronde de visage et large de hanches juste ce qu'il faut, semble émerger du printemps du monde dans une houle de blé. Elle a déjà fait tourner beaucoup de têtes. Celle de Gilbert depuis longtemps.

Si les têtes tournent pour Fabrissa, personne ne bouge, du moins pour le moment : elle paraît inaccessible. Tous en rêvent, la reluquent mais ça s'arrête là.

Deux soupirants sérieux, à qui l'Everest ne fait pas peur, restent sur les rangs : Gilbert et Pablo. Fabrissa ne semble pas pressée de faire son choix · elle n'a pas vingt ans.

Le plus sérieux, ou du moins celui qui paraît avoir le plus de chances de décrocher le pompon, c'est Gilbert. Tout le monde le donne gagnant, comme aux courses de Pompadour. Ses assiduités n'ont pas été découragées ; pas encouragées non plus. On les a vus danser ensemble, mais ça prouve quoi ? Fabrissa se donne volontiers le plaisir de tourner une valse avec qui lui plaît, ce qui prête peu aux commentaires et laisse les commères le bec dans l'eau.

Il faut voir Gilbert, ce matin, passer de la table à la cheminée où Fabrissa se tient assise sur l'archabanc, son chaton sur les genoux ; il aimerait bien lui parler, mais, de l'autre côté du cantou, sur le coffre à sel, est assise la grand-mère à laquelle il ne faut pas en conter : elle est la bogue épineuse qui protège ce beau fruit bien rond et bien lisse qui n'ira pas régaler le premier venu. Ça pourrait être Gilbert ; ça pourrait en être un autre, pourvu que...

L'autre parti sérieux, c'est Pablo, mais, de lui et de ses rapports avec Fabrissa, on ne parle qu'à mots couverts, comme d'un orage en train de couver, d'une menace de conflit à exorciser.

Pablo est venu prendre racine dans la commune au début de la guerre, après des vacances forcées avec ses parents sur la plage d'Argelès, derrière des barbelés. Ces épreuves lui ont forgé un caractère sombre, irascible, très *espagnol*. Sa chance, ce n'est pas la fortune : ses parents ont tout juste *de quoi*, comme on dit, pour garder leur dignité, mais sa beauté virile : profil romain, teint mat, chevelure bouclée, brune avec quelques stries de blond, et un regard pénétrant qui fait chavirer le cœur des filles.

Trois jours avant de nous rendre chez Lajoinie, nous avons battu dans la ferme de Pablo : en deux heures, toute la récolte était engrangée. C'est dire que, dans sa famille, on ne roule pas sur l'or. On roule en revanche en voiture : une traction ancien modèle, venue tout droit d'un maquis, qui porte encore la croix de Lorraine sur ses portières.

Ce qui laisse penser que les rapports de Pablo et de Fabrissa laissent présager plus de sentiment qu'un tour de valse, c'est qu'on les a vus souvent dans la traction, comme des amoureux – certains disent comme des fiancés. L'étrange, c'est que les Lajoinie, sourcilleux quant à l'avenir de leur perle de fille, tolèrent cette familiarité. Il est vrai que Pablo leur rend beaucoup de services durant les grands travaux de l'été et même en toutes saisons, car il y a toujours à faire dans une ferme comme celle des Crozes.

J'ai été la proie d'un mauvais pressentiment lorsque j'ai vu Pablo, drapé dans une ample saharienne, un foulard rouge autour du cou, entrer dans la cuisine alors que nous refermions nos couteaux. Cette impression s'est confirmée lorsque je l'ai vu s'asseoir près de Fabrissa, sur l'accoudoir de l'archabanc, avec un regard chargé d'ironie vers Gilbert, lequel a rétrogradé vers la porte où, déjà, se pressait la volaille juchée sur l'arête du battant inférieur.

On m'a rapporté que Gilbert et Pablo ont eu des mots lors d'un précédent battage, je ne sais où. Des mots et un comportement qui en disaient long sur leur rivalité; ils étaient restés face à face, à s'affronter du regard comme des coqs de combat. Pourquoi ? Là, personne n'a pu éclairer ma lanterne, mais il semble évident que Fabrissa constituait la pomme de discorde. Elle s'est d'ailleurs interposée pour les séparer avant qu'ils en viennent aux mains.

C'est maintenant le plein du jour : un ciel blanc parcouru de vols de pigeons et de grolles; avec un gros soleil mou posé au-dessus des collines, dont la lumière fait crépiter les pailles des gerbiers. Une animation intense s'élève du couderc où Fabrissa vient de lâcher les porcs et la volaille.

Toute l'équipe est présente : dix hommes, juste ce qu'il faut pour mener la tâche à bien. Nous avons posé la veste, retroussé nos manches de chemise, enroulé la flanelle autour de nos reins, noué le mouchoir à carreaux autour du cou. Le grand manège du battage peut commencer à virer. Jaujeu a allumé sa pipe; il tourne autour de la batteuse et du tracteur Fordson à pétrole, jette des ordres d'un ton peu châtié à son esclave qui se démène comme un diablotin, son bâton de résine au poing, de son allure chaloupée d'adolescent. Ce qui restait de poussière dans la batteuse s'évacue en brume légère qui sent la paille et la fleur de chardon.

Mes reins me laissent en paix mais je sais que cette rémission ne durera que le temps de l'effort, et que ce soir, muscles refroidis, ce sera une autre affaire.

Lajoinie tend la main à la première giclée de grains, en fait craquer quelques-uns sous sa dent, en fait goûter au charron qui hoche la tête d'un air satisfait.

– C'est tout bon, dit-il. Tu auras la qualité et la quantité. Pas comme aux Maurézies, les pauvres...

Je goûte à mon tour, sans lâcher le bord du sac. J'aime ce goût de farine qui s'épanouit dans un craquement sec, cette impression de retour aux premiers âges, quand les femmes de la tribu broyaient les céréales sauvages dans un mortier de pierre. J'en salive de plaisir avec, dans ma tête, des envies de tourtes chaudes et croustillantes.

Immobile et droit comme un monolithe, Jaujeu lance à Jeannot des Maurézies :

– Tu as oublié ton mouchoir de cou ! Gare à la barboule...

Affecté au gerbier, Jeannot remercie d'un geste et noue le mouchoir, le nœud sur la gorge, pour éviter que la balle – la barboule ou le bourri, comme nous disons – ne pénètre entre notre poitrine et notre chemise, car ça gratte que le diable, si bien qu'il faut s'arrêter de travailler et s'épousseter avant de reprendre la fourche ou le sac.

Ça tourne rond déjà. Le grand Jules et Jeannot au sommet du gerbier pour lancer les bottes liées sur le tablier de la batteuse où Gilbert tranche d'un coup sec et précis les liens de sisal, alors que Toine enfourne les gerbes déliées dans les mâchoires du monstre tressautant qui avale, mâche, recrache la paille d'une part, le grain de l'autre. Sur le pailler qui s'élève au fur et à mesure que s'abaisse le gerbier, en haut du tapis roulant, s'activent Jojo, le fils des Lajoinie, et le jeune André de Peyrolles, qui répartissent la paille et l'égalisent en forme de tour. Le battage prend l'allure d'un siège : on gesticule aux remparts, on s'engueule, on se lance des défis en brandissant la fourche, à qui lèvera deux gerbes d'un coup.

On a prévu que la matinée serait chaude : elle est déjà brûlante. La balle et la poussière se font agressives, se mêlent à la sueur, se fourrent dans les narines, dans la gorge, et allez donc recracher cette saloperie, avec une gueule sèche comme un four !

Nanette, qu'on appelle Fleur-de-nave et qui est sourde et muette de naissance, a suivi son homme, Toine, dit le Banlève, pour aider les femmes à la cuisine et veiller à la soif des hommes. Elle distribue les bouteilles de piquette tirées du puits avec un sourire d'amitié joli comme une fleur. On lui caresse la croupe au passage, avec un regard amusé vers le Toine qui s'en fout car il n'est pas jaloux. Elle fait des *honnn!* et des *gueuuu!* en écartant les mains baladeuses. Jaujeu entonne sa bouteille, majestueux comme le clairon de l'Armistice.

– A la bonne vôtre, monsieur Martial! me lance Pablo en faisant de même. Comment vont vos reins?

– Ils tiendront le coup cette fois encore. Après, ils auront quelques semaines pour se reposer, avant la fin des vacances scolaires.

Pablo... En dépit des apparences, c'est une force de la nature. La semaine précédente, il a relevé un défi : traverser une cour de ferme avec cent vingt kilos de grain sur le râble. Il est vrai que ces sacs de grandes dimensions se plient à la forme du dos, de la nuque aux fesses, et qu'ainsi le poids est bien réparti. Fabrissa l'a récompensé d'un baiser. Gilbert ne s'est pas risqué à une tentative pour battre son rival : il n'est pas de taille et un échec l'aurait ridiculisé.

Assis à même le sol, dos à une roue de la batteuse, près de Pablo, j'avale ce qui reste de la piquette. Elle ne risque pas de me couper bras et jambes; à chaque rasade elle entraîne un poivre de poussière qui se transforme en grumeaux dans l'œsophage.

– Regardez-le! murmure Pablo. Il fait le fier...

D'un revers de menton il me désigne Gilbert qui, après s'être essuyé le visage, s'est approché de Fabrissa et lui parle avec animation. Pablo ajoute :

– Faudra bien qu'on s'explique une bonne fois pour toutes. S'il croit pouvoir décrocher le pompon, il se trompe ! Si Fabrissa savait...

– Si elle savait quoi ?

Pablo observe un moment de silence en pétrissant ses genoux sous son pantalon de velours, avant de me livrer l'événement dont il a été le témoin. L'avant-veille, au cours d'un battage chez Verlhac, alors que le repas s'achevait et qu'il ne restait à table qu'un petit groupe, Gilbert a sorti de sa poche, pour couronner la dernière gerbe, la *gerbebaude*, une culotte de femme. Il n'en a pas indiqué la provenance mais, à son air faraud, chacun a deviné qu'il voulait faire croire à un don de Fabrissa, alors qu'il avait dû ravir ce trophée à une corde à linge. Il est vrai qu'il était ivre, selon son habitude à la fin des repas de battage.

– Il est allé trop loin, ajoute Pablo. C'est pourquoi il va falloir qu'on s'explique. Aujourd'hui ou demain.

– Pas aujourd'hui, s'il te plaît. Les battages, c'est du sérieux. Quand on prend la fourche, on laisse ses sentiments dans la grange.

Jaujeu relance le manège, comme un général qui réveille son infanterie à l'aube d'une bataille. La trêve n'a duré que quelques minutes. Il doit être environ dix heures et il reste encore du pain sur la planche. La poussière est retombée, mais le soleil qui plombe la cour ramène la paix entre la volaille et les porcs dans le couderc. On entend le gloussement d'un dindon, la voix aigre de la mère Lajoinie qui chasse les poules de la cuisine, puis le gros bourdon de la batteuse dont Fanfan vient de vérifier les organes inférieurs. Et le ballet repart dans un lourd borborygme métallique et un nuage de poussière.

C'est le jour le plus chaud de l'été. Si nous en avions le loisir, si notre regard, au-delà de cette scène, pouvait embrasser le paysage, nous ne trouverions qu'une incandescence qui fait fondre les lourdes verdures d'août dans une atmosphère de four. La terre est surchauffée au point qu'il se dégage d'elle une sorte de brume qui semble figer le monde dans une éternité d'enfer.

Nous avons travaillé avec ardeur. A midi tapant la batteuse a dévoré la dernière gerbe, celle qui trônera au milieu de la table, lors du repas, ornée d'un ruban et des roses de Fabrissa. Le Fordson hoquette ses ultimes soupirs, la batteuse libère ses derniers soubresauts, la grande courroie mollit entre ses poulies. C'est le moment pour Lajoinie de faire le compte des sacs entassés dans le grenier. Du haut de l'échelle qui y mène, il lance :

– Cinquante tout rond ! Bravo, les amis ! Vous n'avez pas chômé...

Sa femme lui fait écho : il est temps de passer à table.

Le hangar a été nettoyé avec soin : le sol balayé, les instruments aratoires repoussés dans le fond, sous des bâches, les murs de pierre nue débarrassés des morceaux de ferraille plantés dans les joints, des colliers de ficelle et autres épaves. Nanette-Fleur-de-nave a pris soin de retourner les assiettes et les verres pour que la poussière ne les salisse pas. La longue table dressée pour douze, faite de planches posées sur des tréteaux, a été recouverte d'une nappe, comme pour un mariage ou une première communion. Fabrissa l'a décorée d'une guirlande de verdure et de fleurs. Les odeurs de la cuisine se mêlent à celles du pétrole et du cambouis laissées par le tracteur de Lajoinie, mais cela importe peu : nous savons que ce n'est pas un repas de marquise qui nous attend, mais qu'il y aura de quoi satisfaire les appétits les plus exigeants.

La dernière gerbe avalée, la journée n'est pas finie pour autant. Tandis que le charron et son fils réduisent les gaz, enlèvent les cales du Fordson et celles de la batteuse, enroulent le serpent de la courroie en se poissant les mains de résine, l'équipe entreprend de nettoyer la cour avec des balayettes de genêt, et c'est de nouveau une grosse montée de poussière ardente, épaisse à tailler au couteau. Ce travail achevé, nous nous groupons autour de la grande cuve remplie d'eau du puits pour la toilette précédant le repas. Avec nos torses nus qui contrastent avec le rouge de nos visages, nos pantalons gris de poussière que la sueur colle à notre peau, nous devons ressembler à des galériens. Toine se laisse asperger sans broncher; le grand Jules proteste quand on le prend pour cible; et moi, le maître d'école, je ne suis pas le dernier à me mêler à ces jeux innocents.

Pour faire l'intéressant, cet imbécile de Jules lance :

– Gilbert, à poil!

– Fabrissa va t'aider à enlever ton falzar, ajoute Jeannot des Maurézies. Pas vrai, Fabrissa?

D'autres voix se mêlent à ce défi :

– Vas-y, Gilbert, n'aie pas honte!

– Montre tes fesses, qu'on rigole un bon coup!

L'air solennel, Gilbert commence à défaire sa ceinture, à dérouler sa flanelle et, à gestes lents, comme une danseuse de strip-tease, laisse glisser son pantalon sur ses fesses pâles comme du blanc de poulet. La voix de la mère Lajoinie coupe son élan :

– Arrête, grand banturle! Si tu veux faire le zouave, va le faire ailleurs! Tu te crois où, dis?

Gilbert s'interrompt à regret, annonce à voix forte que le spectacle est terminé. J'observe Pablo du coin de l'œil et je lis sur son visage une expression de mépris mêlé de haine. Je me dis que, si Gilbert avait osé poursuivre son effeuillage, il l'aurait agressé.

En guise d'apéritif, Fabrissa et Annette nous servent du vin paillé de Beaulieu. Une bénédiction, une caresse : « Le petit Jésus, disent les vieux, qui vous descend dans le ventre en culotte de velours ! » Une simple gorgée et la fatigue dénoue ses anneaux de fer dans votre corps ; tout devient soudain simple et amical ; en regardant les filles et les femmes tournicoter autour du puits où nous avons posé nos verres à moutarde, il nous vient des idées d'amour et de sieste, à deux, dans l'ombre verte.

Epaisse comme du mortier, brûlante, la soupe n'est pas superflue. On l'aspire avec des *humpfff*, après avoir soufflé sur la cuillerée. Elle libère une dernière suée mais le chabrol généreux qui noie le fond de l'assiette fait couler de nos membres les reliquats de fatigue qui s'y accrochaient encore.

J'entends autour de moi des voix qui s'exclament :

– Tes rillettes, Fabrissa... Tu m'en réserveras quelques pots.

– Et ce jambon... Tu l'as fait mûrir sous la cendre ?

Reine de ce jour, Fabrissa passe de l'un à l'autre de ses convives, essuie ici une caresse sur ses hanches, là un baiser dans le gras du cou, sourit aux compliments et répond avec un sourire de modestie :

– C'est ma mère qu'il faut remercier.

Parfois elle proteste, mais sans méchanceté :

– Holà, Jules, bas les pattes ! Si ta femme était là, tu te tiendrais mieux. Et toi, Fanfan, ôte ta main de sous mes jupes ! Ça n'a pas de poil au menton et déjà...

Pablo se contente de déposer sur sa main un baiser cérémonieux qui est accueilli par un murmure flatteur. Comme on pouvait s'y attendre, Gilbert y va de sa surenchère : il essuie la trace de chabrol qui humectait ses moustaches, enjambe le banc, prend Fabrissa par la taille et roucoule une chanson à la mode :

Parlez-moi d'amour
Redites-moi des choses tendres...

Elle tente de se dégager; il la retient, lui tient à l'oreille un propos qui la fait rougir et lui arrache une protestation indignée :

– Non ! tu le sais bien... N'insiste pas, sinon...

Elle lève une main sur lui, parvient à le repousser. Il se rassied en bougonnant :

– Tu fais la fière avec moi, mais je sais ce que je sais. Faudra bien qu'on s'explique !

Je frémis en entendant Pablo riposter :

– C'est d'abord avec moi qu'il faudra t'expliquer, si tu en as le courage !

Un pavé vient de choir dans la mare aux grenouilles. Fabrissa s'éloigne en marmonnant. Dans son dos, des rires éclatent comme des pétards mouillés. Le père Lajoinie se contente d'une semonce :

– Gilbert, mon garçon, un peu de retenue, s'il te plaît...

Pour ce qui est de l'ambiance, ce repas de battage ne tient pas ses promesses : elle se fait grise, tendue, alors que Fleur-de-nave vient d'extraire la tête de veau du grand toupi de fonte, commence à la découper, et que Fabrissa apporte les haricots qui embaument. Chacun se replie sur soi, rentre ses *banes* comme font les escargots, de crainte qu'une parole mal interprétée ne déclenche un drame. Jules réclame la vinaigrette; Jaujeu ratiocine en répétant que la saison de battage a été la plus belle depuis des années ; Fanfan se cure laborieusement le nez en attendant que Fleur-de-nave daigne le servir. Tous regardent les plats, les bouteilles et la gerbebaude d'un œil morne. J'entends, venue du seuil du hangar, la voix de la mère Lajoinie qui glapit :

– Alors, quoi, qu'est-ce que vous avez tous à faire la gueule ? Elle vous plaît peut-être pas, ma tête de veau ? Il vous faut des ortolans ?

De molles protestations fusent, ici et là :

– Mais si... mais si, madame Lajoinie, tout est excellent mais c'est trop, et, avec cette chaleur, on a plus soif que faim. Et puis, c'est triste, un dernier battage...

De fait, si l'on fait peu honneur à la cuisine de la mère Lajoinie, on met à rude épreuve la cave de son mari, laquelle semble inépuisable. Fabrissa et Fleur-de-nave font sans relâche la navette entre le hangar et le barricot mis en perce spécialement et qui doit être à marée basse. Le grand Jules tente de ranimer l'atmosphère qui sombre dans la morosité. Il est intarissable au chapitre des flatulences qui accompagnent la consommation des haricots, mais Fanfan et Jojo, le fils Lajoinie, sont les seuls à en rire. Stupéfait de son fiasco, il lance à Fanfan, qui passe pour avoir une jolie voix :

– Dis, Fanfan, si tu nous en poussais une ?

Fanfan ne se fait pas prier. Il annonce une chanson de Rina Ketty : *J'attendrai.*

J'attendrai
Le jour et la nuit
J'attendrai toujours
Ton retour...

Ce que nous attendons, nous, c'est le petit discours de fin de battage qui va peut-être détendre l'atmosphère. A titre d'adjoint au maire, c'est à Lajoinie de le prononcer, mais, pour le moment, il est trop occupé à veiller au grain. Un œil sur Gilbert, l'autre sur Pablo, il semble loucher et s'attendre au pire : un esclandre dont on parlerait dans toute la région. Il dirige le tuyau de sa pipe vers moi.

– Martial, dites-nous quelques mots d'amitié sur la campagne de battage. Vous avez été partout, et vous savez parler, vous.

Comment me dérober ? Si la proposition me prend de court, il me sera facile d'improviser sur la solidarité rurale, la peine des hommes, l'abondance des récoltes et l'école laïque, une et indivisible. Autour de moi on hoche la tête, on murmure qu'il parle bien, l'instituteur, et on applaudit, mais sans enthousiasme.

Ce qu'on attend aussi, les uns l'espérant, la plupart le redoutant, c'est le fatal affrontement entre ces deux dogues qui se lancent des regards torves : Gilbert et Pablo. Nous mijotons dans une immanence pénible, sachant que la moindre étincelle de mot, la moindre attitude équivoque risquent de mettre le feu aux poudres.

Fabrissa sert le café : du vrai, pas de la tisane d'orge, comme pendant les restrictions. Fleur-de-nave l'accompagne avec la bouteille de gnôle. Je roule ma première cigarette de la journée, tends ma blague en vessie de porc à mon compagnon de sac et voisin de table, Pablo. Des bribes de conversation à deux bourdonnent dans la chaleur qui s'épaissit, suinte du mur de soleil qui se dresse contre la porte du hangar, ouverte à deux battants. Le rire du grand Jules, celui, crépitant, de Fanfan sonnent comme une incongruité. Je devine sans peine que des envies de sieste commencent à sourdre de cette brume de fatigue où nous baignons, avec les images des gros têtards de saule qui bordent le ruisseau coulant en contrebas de la prairie incandescente, et nous suggèrent des envies de sommeil dans l'herbe noire, le chapeau sur les yeux, les mains sous la nuque, comme dans les toiles champêtres de Vincent Van Gogh.

C'est le charron qui va donner le signal de la fin de ce repas qui n'a que trop duré. Il se lève pesamment, tape le fourneau de sa pipe sur le bord du banc, s'extrait de la tablée en s'appuyant à l'épaule de son fils, un pan de sa chemise sortant par la braguette ouverte, comme cela lui arrive souvent. Quand les femmes lui en font la remarque, il répond qu'il convient de laisser la porte ouverte devant un mort. Il reste un moment debout, chancelant dans la fumée de solfatare de sa pipe, dressé contre la muraille éblouissante du soleil.

Il est trois heures passées. Autour de la ferme, l'air est un bloc de métal en fusion.

Tout aurait pu se dérouler, comme je l'espérais, sans autre incident que les affrontements de regards qui ont suivi l'altercation initiale. Chacun serait reparti de son côté sans histoire, au revoir et merci. Mais voilà : les choses ont pris une mauvaise tournure.

Un peu éméché, le grand Jules a saisi Fabrissa par la taille et s'est mis en tête de lui en *faire tourner une*, mais elle proteste et se débat :

– Arrête, grand *balandar* ! Avec la chaleur qu'il fait... Tu vois pas que je suis en sueur ?

Le grand Jules ne l'entend pas ou fait semblant : il tient dans ses bras sa belle-sœur, la plus jolie fille du pays ; lui qui est marié à un laideron, il est au paradis. Il tourne, tourne de plus en plus vite en beuglant un air de valse, et, accroché à sa cavalière, traverse la cour comme une tornade giratoire de feuilles mortes. Fabrissa lui martèle les épaules et le visage de ses poings, mais il ne s'arrête pas, comme possédé par la grande ivresse panique. La valse du grand Jules, on en parlera longtemps dans le pays, je me dis ! Ça risque de faire du bruit.

Soudain, la voix âpre de Pablo :

– Jules, Fabrissa te demande d'arrêter ton cirque, alors tu l'arrêtes !

Ce grand dépendeur d'andouilles interrompt sa giration. Planté droit comme un piquet, il fait virer sa casquette sur son crâne presque chauve et fait trois pas en arrière en chancelant. Lâchée en plein tourbillon, les mains plaquées sur son visage, Fabrissa fait un tour sur son élan et s'accroche à Pablo en gémissant. Il la prend aux épaules et lui dit :

– Faut pas lui en vouloir, à ce grand imbécile. Tu l'as trop fait boire, et tu sais qu'il supporte mal le vin et la gnôle, surtout avec la chaleur qu'il fait. Ça le rend maboule.

Il entraîne Fabrissa vers le puits en la tenant toujours aux épaules, tire un seau d'eau fraîche et lui en fait boire une gorgée dans le creux de sa main. Il trempe son mouchoir dans le seau et lui humecte le visage avant de la conduire à sa mère qui vient de rappliquer. Lajoinie a assisté à la scène sans broncher ; Gilbert de même : nous sommes comme fascinés.

– Votre fille est fatiguée, madame Lajoinie, dit-il. Dites-lui d'aller se reposer au frais, dans sa chambre, sinon elle va tourner de l'œil.

– Je lui avais bien dit d'aller se reposer, d'autant qu'elle a ses périodes, mais elle est têtue comme une bourrique ! glapit la mère.

– Laisse, maman ! proteste Fabrissa. Je suis juste un peu étourdie. Ça va passer.

L'affaire aurait pu en rester là, et c'était bien suffisant pour alimenter les ragots de village, si Gilbert n'y avait ajouté son grain de sel, en fait une grosse poignée lancée au visage de Pablo.

– Dis donc, l'*Espingoin*, de quoi tu te mêles ? Tu te crois déjà de la famille, peut-être ? C'est à moi que Fabrissa a donné sa promesse, pas au sale métèque de communiste de mon cul que tu es ! Tu as fait ton boulot, alors, maintenant, tu prends ton vélo et tu fous le camp !

– Eh là ! s'insurge la mère, ma fille s'est promise à personne, pas plus à toi qu'à d'autres. Pas vrai, Fabrissa ?

Fabrissa hausse mollement les épaules. Il est de notoriété publique qu'elle a commencé à danser avec Pablo, naguère, dans les bals clandestins de l'Occupation, avant que Gilbert ne pointe le bout de son nez et l'invite à son tour à la salle des fêtes, aux bals du samedi soir. Elle a souvent dansé avec d'autres, mais pas avec ce grand balandar de Jules qui ne sort plus, depuis longtemps, sans son laideron de femme. Alors, elle se serait promise à tous les deux ? Je me dis : un beau sac d'embrouilles en perspective !

Avec l'apparence d'autorité que me confère ma fonction de maître d'école, de secrétaire de mairie et de correspondant de presse, censé tout connaître des grands et des petits secrets de la commune, je tente une médiation :

– Bon ! ça suffit, vous deux. Plutôt que de foutre le bordel, vous allez faire la sieste où vous voudrez, ça vous calmera le sang et vous rafraîchira les idées. Et puis...

Gilbert interrompt mon élan pacificateur et me lance :

– Vous, monsieur Martial, occupez-vous de vos oignons ! C'est une affaire entre l'*Espingoin* et moi.

Je proteste avec véhémence : ils ont, lui et Pablo, été mes élèves pendant la guerre. Qu'ils me respectent et m'écoutent, tonnerre de Dieu !

– Laissez, monsieur Martial, dit doucement Pablo. Vous voyez bien qu'il cherche la bagarre ! Eh bien, il l'aura !

– Quand tu voudras ! s'exclame Gilbert en retroussant ses manches. Et tout de suite si ça te chante, bâtard !

– Ça me chante..., lâche tranquillement son rival.

Tenter de les faire revenir sur leur décision, je devine que ce serait inutile. Je m'éloigne donc de quelques pas avec un geste de découragement. Ils veulent en découdre ? Grand bien leur fasse ! Une bonne frottée pourrait, sinon les réconcilier, du moins calmer leurs humeurs. Après tout, ils ne vont pas s'étriper...

Sans cesser de se mesurer du regard, manches retroussées comme pour une nouvelle bataille du blé, ils se dirigent vers le pailler du fond. Nous les suivons, les uns excités, les autres navrés, tous sourds aux protestations indignées des femmes, surtout de la mère Lajoinie et de Fleur-de-nave qui multiplie ses *honnn !* et ses *gueuuu*. Ils s'arrêtent à l'amorce de la prairie sèche qui descend en pente douce vers le ruisseau, au milieu d'une danse de sauterelles, de criquets et de papillons.

– Donnez-moi vos couteaux ! dis-je.

– Quoi, nos couteaux ? interroge Gilbert.

– Pour vous éviter la tentation de vous en servir.

Gilbert sort le sien de sa poche et le jette à mes pieds ; Pablo me tend le sien.

– Chouette ! s'exclame Fanfan. Ça va être comme dans les westerns, et, en plus, c'est gratuit !

– Ferme ta gueule ! lui lance Jeannot. On n'est pas au ciné. C'est du sérieux.

Nous avons formé le cercle autour des deux antagonistes. Je regarde intensément Fabrissa en espérant qu'elle va se jeter entre eux pour tenter de les faire renoncer à l'affrontement, mais cette garce n'en fait rien. Les bras croisés sur sa poitrine rosie par la canicule, sous une onde de mèches folles échappées de son fichu, elle semble attendre de ce duel un signe du destin, dans l'incertitude où elle se trouve peut-être de faire son choix. Va-t-elle, comme dans les romans ou au cinéma, donner son cœur et ce qui l'accompagne au vainqueur ? Allez savoir ce qui se passe dans l'esprit d'une femme dont le destin est suspendu à une décision qui ne dépend pas d'elle ! De la perversité, sans doute, de la cruauté peut-être, de la curiosité sans conteste.

Soudés l'un à l'autre par un regard lourd de haine, Gilbert et Pablo se font face. Ils se frottent les avant-bras comme pour en éprouver les muscles. Silencieux, immobiles et raides comme des piquets. Deux gladiateurs dans l'arène.

Gilbert lance l'offensive. Son poing plonge dans le ventre de Pablo qui se plie en deux avec un hoquet, recule jusqu'à s'adosser au pailler, bras écartés. Il évite l'autre assaut de Gilbert, qui va piquer du nez dans la paille et se frotte le visage. Pablo en profite pour lui assener un coup violent au creux des reins.

– Oh, putain ! fait Gilbert.

Il empoigne Pablo à bras-le-corps comme pour l'étouffer, le fait tourner, ses jambes mêlées aux siennes pour provoquer sa chute. Tous deux roulent dans l'herbe, agrippés l'un à l'autre de tous leurs membres, chemise à moitié arrachée, des traces de griffures roses sur le dos.

Dire qui aura le dessus est difficile. Gilbert est plus lourd, Pablo plus nerveux. Il semble qu'ils pourraient se battre des jours et des nuits, comme Roland et Olivier dans le poème de Victor Hugo, sans parvenir à obtenir une décision, mais ni l'un ni l'autre ne sont habités par les sentiments chevaleresques de ces deux héros de la *Chanson de Roland.*

Gilbert parvient le premier à se dégager du corps à corps. Il chancelle, torche d'un revers de poignet son nez qui a éclaté comme une tomate mûre, et fait quelques pas à reculons comme pour provoquer son adversaire à reprendre le combat. Pablo arrache le lambeau de chemise qui lui couvre encore le torse. Il porte sur sa poitrine, entre des plages de peau brune huilée de sueur et maculée de sang, une médaille d'argent. Il semble avoir repris des forces. Il attend. L'idée absurde me vient qu'ils vont peut-être en rester là, se tendre la main et s'embrasser comme Roland et Olivier...

Pablo s'adosse au pailler, balaie son visage d'une main molle, fait signe à son rival de se mettre en garde. Gilbert se débarrasse à son tour de sa chemise ; son abdomen un peu lourd se gonfle et se dégonfle comme le soufflet de forge du charron. Plus massif que son adversaire, il s'essouffle plus vite ; il prend un air faraud, fait rouler ses épaules, lâche des bulles de sang par ses narines, avec des allures de catcheur. Il s'avance vers Pablo avec un sourire de défi, pare un coup de poing en rigolant mais ne peut éviter le coup de genou au bas du ventre qui le plie en deux avec une plainte sourde et un long vomissement de mangeaille et de vin.

– Il en tient ! s'écrie Fanfan. Pourra pas s'en remettre...

Magnanime, Pablo laisse à Gilbert, qui effectue une sorte de danse d'Indien des prairies, la main à son ventre, le temps de se reprendre. Près de moi, Fabrissa gémit comme un chiot : de plaisir ? de peur ? de pitié ? Comment savoir ce qui se passe dans la tête de ce trophée vivant ?

Chacun s'attend à ce que Gilbert jette le gant, mais ce bref moment de pause semble l'avoir stimulé. Il s'avance sans se départir de son sourire provocant, frotte à gestes nerveux sa poitrine barbouillée de sang et, d'un élan imprévisible, accule Pablo au pailler et, des deux mains, avec des râles d'effort, tord le mouchoir que son adversaire porte encore au cou, pour l'étrangler. Pablo se débat farouchement, frappe des deux poings les hanches robustes de Gilbert, cherche à renouveler son coup de genou dans l'entrecuisse que Gilbert, prudent, tient fermé. Entre leurs halètements fusent des injures cinglantes comme des coups de fouet :

– Fumier !

– Salaud !

Une main accrochée à la nuque de son rival, Pablo lui renverse la tête en arrière et, de l'autre main, lui ravage la face avec ses ongles. Gilbert parvient à se dégager en partie, aveuglé par le sang qui lui coule du front. Je me dis que ça pourrait marquer la fin du combat, mais il faut un abandon, et ni l'un ni l'autre ne s'y résoudront.

Le plus pénible est à venir.

Lorsque nous avons vu Gilbert tourner le dos à Pablo et s'essuyer le visage avec son mouchoir dénoué, nous avons pensé qu'il allait déclarer forfait, incapable qu'il était de voir son adversaire. Il tâtonne autour du pailler et finit par découvrir ce que, peut-être, il cherchait depuis le début de l'engagement : une fourche. Nous crions d'une même voix :

– Non, Gilbert ! Pas ça ! Pas la fourche !

Le temps de nous précipiter vers lui sans nous concerter, Gilbert est revenu sur Pablo, s'est planté devant lui comme un belluaire devant son fauve, la fourche en avant, des cris rauques dans la gorge. Pablo se dérobe au premier assaut ; au second, une pointe de la fourche se plante dans le gras de la cuisse. Il tombe à genoux avec une plainte sourde, tente de se protéger en faisant dévier l'arme, mais ne peut éviter qu'elle l'atteigne au ventre puis à la poitrine.

Fou de rage et de douleur, Gilbert se serait acharné sur sa victime, si nous n'étions parvenus à lui arracher son arme. Trop tard ! Pablo vomit un filet de sang, murmure quelques mots inaudibles, accroche son regard à celui de Fabrissa qui, penchée sur lui, secoue ses épaules en criant son nom.

Qui aurait pu penser, lorsque, à l'aube, nous nous acheminions vers la ferme des Lajoinie, que cette journée se terminerait par un drame ? Après bien des années, je m'en veux encore de ne m'être pas opposé avec plus de vigueur et de conviction à cet affrontement, mais il faut croire qu'il était dans l'ordre des choses qu'on en vînt là, et qu'une sorte de fatalité s'acharnait sur les deux antagonistes. Un jour ou l'autre, ces deux coqs de village en seraient venus aux mains, peut-être avec une conclusion identique à celle que nous avons connue.

Je me souviens que, muets de stupeur, la gorge sèche, nous sommes restés autour du cadavre de Pablo, à regarder cette belle gerbe de chair brune et lisse constellée de coquelicots. Il s'est passé de lourds instants, avant que le charron ait l'idée de téléphoner à la maréchaussée.

Une heure plus tard, les gendarmes sont venus. Ils n'ont pas fait d'histoire : nous leur avons expliqué que ce pauvre Pablo avait été happé par les dents de la batteuse, comme cela, hélas ! se produit parfois. L'explication leur a paru singulière mais, comme nous avions pris soin de nettoyer le torse du mort, ils nous ont fait confiance, car ils nous connaissaient aussi bien que nous les connaissions. Il a été plus difficile de convaincre la famille de Pablo qu'il s'agissait d'un accident.

Gilbert n'est pas allé en prison comme il le méritait. Ses parents ont jugé judicieux de lui faire quitter la commune pour aller seconder son oncle dans son commerce de sangsues. Nous ne l'avons jamais revu, ni aux Crozes ni ailleurs.

Il me plairait d'ajouter que Fabrissa, convoitée qu'elle était par les plus beaux partis, à des lieues à la ronde, avant le drame dont elle avait été l'héroïne involontaire, a fait un riche mariage ou un mariage de sentiment. J'aimerais l'imaginer régnant, avec sa majesté royale, sur une famille heureuse, fermière de magazine, souriante, entourée d'enfants et de vaches. Le destin en a décidé autrement. Elle végète dans la ferme d'un vieil oncle, sur le Plateau, entre des champs de blé noir et des forêts de douglas, face à des horizons tristes comme des cimetières. Ce que je peux apprendre d'elle, de temps à autre, ne tient pas à une curiosité banale ; j'ai même tout fait pour l'oublier.

Il faut dire que j'étais, moi aussi, un peu amoureux d'elle...

Lexique sommaire de quelques expressions typiques

ARCHABANC : Banc de cheminée.
BALANDAR, BANTURLE : Imbécile heureux.
BALLE, BARBOULE, BOURRI : Déchet et poussière de blé.
BANCHOU : Petit banc.
BANES : Cornes.
BARBICHET : Coiffe limousine.
BUJADE, BUJADIÈRE : Lessive, lavandière.
CANTOU : Creux de cheminée, avec des bancs.
CHABROL : Reste de soupe, qu'on noie de vin.
COUADE : Récipient doté d'un manche percé, pour verser de l'eau.
COUANNE : Bras mort de la Dordogne.
COUDERC : Espace d'herbe, derrière la ferme, pour la volaille et les porcs.
CHARAMELLE (du vieux français *chalemelle*) : Flûte rustique.
DOUGLAS : Variété de résineux très nombreux en Corrèze.
ESCHANTIS : Feux follets assimilés à des âmes d'enfants en perdition.
ESCOURSSIÈRES : Raccourcis.
FENESTROU : Petite fenêtre.
GNORLE : Histoire drôle, en langue occitane.
GODE : Pièce d'eau dans un pré. On dit aussi serbe.
GRAVE : Endroit où la terre est faite de gravier.
GROLLE : Corbeau ou corneille.
GUILLADE : Aiguillon.
MANGER NOCES : Etre invité à un repas de mariage.

MENETTE : Bigote.
MÉRINDÉ : Casse-croûte champêtre.
NOVIS : Nouveaux mariés.
RAPÉTOU : Sentier escarpé.
ROUMIEU : Pèlerin de Rome. Par extension, pèlerin.
TOUAILLE : Chiffon à tous usages.
TSÉ : Chien.
TOURTOUS : Crêpes de blé noir qui, jadis, remplaçaient le pain en temps de disette.
VOTE : Fête votive.

Table des nouvelles

Du même auteur

Grand Prix de la Société des gens de lettres et
prix Alexandre-Dumas pour l'ensemble de son œuvre

Paradis entre quatre murs, Robert Laffont.
Le Bal des ribauds, Robert Laffont; France-Loisirs.
Les Lions d'Aquitaine, Robert Laffont, prix Limousin-Périgord.
Divine Cléopâtre, collection « Couleurs du temps passé », Robert Laffont.
Dieu m'attend à Médina, collection « Couleurs du temps passé », Robert Laffont.
L'Aigle des deux royaumes, collection « Couleurs du temps passé », Robert Laffont, et Lucien Souny, Limoges.
Les Dieux de plume, Presses de la Cité, prix des Vikings.
Les Cendrillons de Monaco, collection « L'Amour et la Couronne », Robert Laffont.
La Caverne magique (La Fille des grandes plaines), Robert Laffont, prix de l'académie du Périgord; France-Loisirs.
Le Retable, Robert Laffont et Lucien Souny, Limoges.
Le Chevalier de Paradis, collection « Palme d'or », Casterman; Lucien Souny, Limoges.
L'Œil arraché, Robert Laffont.
Le Limousin, Solar; Solarama.
L'Auberge de la mort, Pygmalion.
La Passion cathare : tome 1, *Les Fils de l'orgueil*; tome 2, *Les Citadelles ardentes*, Robert Laffont.
La Lumière et la Boue : tome 1, *Quand surgira l'étoile Absinthe*, Robert Laffont; Le Livre de Poche. Tome 2, *Les Roses de fer*, Robert Laffont, prix de la ville de Bordeaux; Le Livre de Poche.
L'Orange de Noël, Robert Laffont, prix du Salon du livre de Beauchamp; Le Livre de Poche, France-Loisirs et Presses Pocket.
Le Printemps des pierres, Robert Laffont; Le Livre de Poche.
Les Montagnes du jour, Editions Les Monédières.
Sentiers du Limousin, Fayard.
Les Empires de cendre : tome 1, *Les Portes de Gergovie*, Robert Laffont; Presses Pocket et France-Loisirs. Tome 2, *La Chair et le Bronze*, Robert Laffont; tome 3, *La Porte noire*, Robert Laffont.

La Division maudite, Robert Laffont.
La Passion Béatrice, Robert Laffont ; France-Loisirs et Presses Pocket.
Les Dames de Marsanges : tome 1, *Les Dames de Marsanges* ; tome 2, *La Montagne terrible* ; tome 3, *Demain après l'orage*, Robert Laffont.
Napoléon : tome 1, *L'Etoile Bonaparte* ; tome 2, *L'Aigle et la Foudre*, Robert Laffont.
Les Flammes du Paradis, Robert Laffont ; France-Loisirs et Presses Pocket.
Les Tambours sauvages, Presses de la Cité, France-Loisirs et Presses Pocket.
Le Beau Monde, Robert Laffont ; France-Loisirs et Presses Pocket.
Pacific-Sud, Presses de la Cité, France-Loisirs et Presses Pocket.
Les Demoiselles des Ecoles, Robert Laffont ; France-Loisirs et Presses Pocket.
Martial Chabannes gardien des ruines, Robert Laffont, prix du Printemps du livre de Montaigut ; France-Loisirs.
Louisiana, Presses de la Cité, France-Loisirs et Presses Pocket.
Un monde à sauver, Bartillat, prix Jules-Sandeau.
Henri IV : tome 1, *L'Enfant roi de Navarre* ; tome 2, *Ralliez-vous à mon panache blanc !* ; tome 3, *Les Amours, les passions et la gloire*, Robert Laffont.
Lavalette grenadier d'Egypte, Robert Laffont ; France-Loisirs.
La Tour des anges, France-Loisirs ; Robert Laffont ; Presses Pocket.
Suzanne Valadon : tome 1, *Les Escaliers de Montmartre*, Robert Laffont ; Le Grand Livre du Mois. Tome 2, *Le Temps des ivresses*, Robert Laffont ; Le Grand Livre du Mois.
Jeanne d'Arc : tome 1, *Et Dieu donnera la victoire* ; tome 2, *La Couronne de feu*, Robert Laffont.
Vu du clocher, Bartillat.
La Cabane aux fées, Le Rocher.
Les Chiens sauvages, Robert Laffont.

POUR LA JEUNESSE

La Vallée des mammouths, Grand Prix des Treize, collection « Plein Vent », Robert Laffont ; collection « Folio-junior », Gallimard.

Les Colosses de Carthage, collection « Plein Vent », Robert Laffont.
Cordillère interdite, collection « Plein Vent », Robert Laffont.
Nous irons décrocher les nuages, collection « Plein Vent », Robert Laffont.
Je suis Napoléon Bonaparte, Belfond Jeunesse.

EDITIONS DE LUXE

Amour du Limousin (illustration de J.-B. Valadié), Plaisir du livre, Paris. Réédition (1986) aux Editions Fanlac, Périgueux.
Eves du monde (illustrations de J.-B. Valadié), Art Média.
Valadié (album), Terre des Arts.

TOURISME

Le Limousin, Larousse.
La Corrèze, Christine Bonneton.
Le Limousin, Ouest-France.
Brive (commentaire sur les gravures de Pierre Courtois), R. Moreau, Brive.
La Vie en Limousin (texte pour des photos de Pierre Batillot), Editions Les Monédières.
Balade en Corrèze (photos de Sylvain Marchou), Les Trois Epis, Brive.
Brive, Casterman.

Cet ouvrage a été réalisé par

FIRMIN DIDOT
GROUPE CPI
Mesnil-sur-l'Estrée

en février 2001

Édition exclusivement réservée aux adhérents du Club
Le Grand Livre du Mois
15, rue des Sablons
75116 Paris
réalisée avec l'aimable autorisation des éditions Anne Carrière

Imprimé en France
Dépôt légal : février 2001
N° d'impression : 53307
ISBN : 2-7028-6360-4